360° 全景探秘
最不可思议的万物由来

最不可思议的万物由来
ZUI BU KE SI YI DE WAN WU YOU LAI

360度全景探秘

最不可思议的

万物由来

主编 李阳

天津出版传媒集团
天津科学技术出版社

图书在版编目（CIP）数据

最不可思议的万物由来 / 李阳主编. —天津：天津科学技术出版社，2012.4（2021.6重印）
（360度全景探秘）
ISBN 978-7-5308-6971-0

Ⅰ.①最… Ⅱ.①李… Ⅲ.①科学知识—普及读物
Ⅳ.①Z228

中国版本图书馆CIP数据核字（2012）第078878号

360度全景探秘——最不可思议的万物由来
360DU QUANJING TANMI —— ZUI BUKE SIYI DE WANWU YOULAI

责任编辑：王　璐
责任印制：刘　彤

出　　版：	天津出版传媒集团
	天津科学技术出版社
地　　址：	天津市西康路35号
邮　　编：	300051
电　　话：	（022）23332399
网　　址：	www.tjkjcbs.com.cn
发　　行：	新华书店经销
印　　刷：	永清县晔盛亚胶印有限公司

开本 690×940　1/16　印张 10　字数 200 000
2021年6月第1版第5次印刷
定价：35.00元

目录

一、艺术起源之谜 / 1

图画艺术种类的由来 / 2

中国乐器的由来 / 13

民间艺术的由来 / 24

二、文化由来之谜 / 33

中国文献的几个重要代表作的由来 / 34

国外几个重要的文学代表作的由来 / 44

三、历史由来之谜 / 51

中国历史朝代的由来 / 52

中国君主制度的由来 / 61

皇室礼制的由来 / 65

历史上主要国家国名的由来 / 76

四、生活用品由来之谜 / 99

日常生活用品的由来 / 100

服装款式的由来 / 110

面料的由来 / 124

五、体育运动的由来之谜 / 133

棋类项目的由来 / 134

球类运动的由来 / 136

奥运会的由来 / 148

·最·不·可·思·议·的·万·物·由·来·

一、艺术起源之谜

图画艺术种类的由来

漫画的由来

漫画源于中国，是用简单而夸张的手法来描绘生活或时事的图画，一般以讽刺与幽默的形式表现。中国漫画早在南宋就已出现，而且是政治讽刺画。叶绍翁《四朝闻见录》戊集"满朝都是贼"条载："韩（侂胄）用事岁久，人不能平。又所引率多非类，天下大计不复白于上。有市井小人，以片纸摹印乌贼出地没于潮，一钱一本，以售儿童。且诵言云：'满潮都是贼！满潮都是贼！'京尹廉而杖之。"以"满潮"谐音"满朝"，借"乌贼"为"贼"，完全符合漫画的创作手法。乌贼有很多触手，也很形象地刻画出满朝都是权奸韩侂胄的爪牙。它是"摹印"（刻板印刷）的，可以广为宣传。正因如此，京尹竟对作者进行迫害。

在中国，"漫画"一词源于20世纪20年代。漫画虽源于中国，但

开始不叫漫画,只叫讽画、讽刺画、讽喻画、讽字谐画等。1925年,画家丰子恺创作了有独特风格的画,此事不久即被当时的著名刊物《文学周报》主编郑振铎知道,于是向丰子恺索稿,并为其作品辟一专栏《子恺漫画》。

连环画的由来

连环画图文并茂，通俗易懂，深受读者特别是少年读者的喜爱。

连环画的发展及其形成是怎样的呢？中国早在汉代，就有单幅故事画了，像孟母教子的故事画《孟母断机》。举世闻名的敦煌壁画可以说是石壁上的大型彩色连环画。此外，中国古代还有许多宗教故事画。到了宋代，随着印刷术的发展，刻图连环故事画便产生了。

中国早期的连环画多数是通过石刻才完整地保存下来的。现在，在山东曲

阜孔庙内的圣迹殿石刻，被认为是中国最早有完整故事的连环画石刻。"圣迹图"共有120幅，记述孔子生平的主要活动，刻工精细。画面上，孔子画像清

晰，故事结构完整，使人可以从头至尾窥览孔子一生活动的全貌，堪称珍贵的艺术精品。

中国第一次把图画故事书叫做连环画是从1925年开始的。当时上海世界书局出版了一本《西游记》，定名为"连环图画"。虽然有人把以后出版的这类书称为"公仔书"、"牙牙书"、"小人书"，但统一的叫法还是"连环画"。

指画的由来

指画,是指用手指头作的画。它作为传统绘画中的旁支,迄今已有300多年历史了。

指画是谁首创,起于何时呢?据清初康熙年间著名画家高其佩的重孙高秉所著的《指头画说》:高其佩学画10余年,仍恨不能自成一家。一日"倦而假寐,梦一老人,引至土室,四壁皆画,理法无不具备,而室中空空,不能模仿,唯水一盂,受以指蘸而习之,觉而大喜……偶忆土室中用水之法,因以指蘸墨,仿其大略,善得其神,信手拈来,头头是道,至此遂废笔墨焉。"

现代画家潘天寿认为:毛笔画,画到易,意到难;指头画,意到易,指到难。高其佩之后,指画遂独树一帜于画林。

年画的由来

中国年画历史悠久,据东汉蔡邕《独断》记载:中国最早的年画是"门神"。画的是神话传说中的人物、古勇士、虎等。到了唐代,出现了雕板印刷术,年画更是被大量印刷,广泛流传。宋代,随着木版雕刻技术的发展,木版年画门神又在民间流传,并出现了表现王昭君、赵飞燕等女性人物的年画。明代年画发展成为一种独立的艺术形式;清雍正、乾隆年间,年画更兴盛繁荣,出现了年画店,最具代表性

的天津杨柳青年画始于明朝崇祯年间,至今已有300多年的历史。天津"杨柳青"、苏州"桃花坞"、山东潍县年画成为明末清初驰名中外的三大民间木刻年画。后来,上海郑曼陀把月历和年画合为"月历牌"年画和挂历年画,风靡全国。中国传统年画中的《连年有余》《五谷丰登》《鲤鱼跳龙门》《麒麟送子》《龙凤呈祥》等都深受人们喜爱。

在艺术的长河中,年画作品的体裁形式多样,艺术风格也各有千秋。如天津杨柳青年画,是以细巧、典雅而著称;山东潍县和苏州桃花坞年画是以粗壮朴实见长;北京、西北一带的年画则以粗犷、苍劲而闻名。

此外,福建泉州、漳州的年画,在黑底色纸上,用浓重艳丽的颜色和金银粉套印出的画面,具有金碧辉煌的艺术效果;广东佛山年画、上海月历牌年画等,都独具风采。

从古至今,还没有一个画种,能像年画那样深入广大群众之中。

门画的由来

门画是由门神演变而来。传说唐太宗生病时,夜间鬼嚎,大将秦叔宝、尉迟敬德,手持武器,依皇门两侧护驾,不久唐太宗的病就好了。唐太宗后命画工将他们俩人的像画在门上。这就是1 000多年来门上画的都是秦叔宝、尉迟敬德的

缘故。

宋朝时,中国的刻版印刷大大发展,为节令性绘画提供了条件:人们在门上除了画上上述两员大将外,还逐步将"驱邪纳福,除旧迎新"的内容也用绘画形式加以表现,因而门画又增加了"狻猊"、"鸡"、"虎"等。

明末清初又出现了专门刻门画和年画的作坊,最出名的是天津杨柳青,后又出现了"天女散花"、"五子登科"等风俗年画,还有精忠报国的英雄、绿林好汉,也成了人们喜爱的门画、年画题材。

铁画的由来

铁画又称铁花,植根于芜湖。创始人是清代康熙年间芜湖的一位名叫汤鹏的铁匠。据《芜湖县志》记载,汤鹏与名画家丁云鹏为邻,"日窥其泼墨势",久而久之,他精通了画理,挥锤当笔,揉铁作墨,制出了一幅《竹子》铁花。人们赞誉他为"铁冶神工"、"匠心独出"。其作品成为"斋壁雅玩"的

艺术欣赏品,继而也成为独具一格的芜湖铁画。

铁画以低碳钢为材料。艺人依据画稿,取料入炉,经锻打、钻锉、整形、较正、焊接、退火、烘漆等工序,然后装框成画。

在艺术上,铁画吸取了明末清初安徽新安江画派的笔意和章法布局,将炉锤之巧同画理相溶,绘画与锻铁工艺浑然一体。画面黑白分明,虚实相衬,线条疏密有致,粗细适度。铁画作品酷似国画、水墨画,但比它们有更强烈的立体感,从而构成了自己的独特格调及艺术魅力。

中国乐器的由来

锣的由来

锣是中国最广泛使用的打击乐器之一。据说它最初流行于中亚和东南亚一带。大约在公元6世纪前期传入中国，当时名叫"沙锣"。宋代，在一种民间音乐形式"鼓板"中应用。元代以后，随着戏曲艺术的发展，为锣的应用开辟了广阔的天地。

锣是体振动乐器，结构简单。锣身呈一圆形弧面，四周以本身边框固定，用槌敲击中央部分振动发声。一般中央部分略高，称为光或脐，是发音的主要部分。光的大小、厚薄与锣的面积比例，决定着音调的高低，也有中央部分突起成为半圆的球状。

经过长期的广泛流传和不断改进，锣已经成为具有丰富表现力的乐器。现在，地方戏曲、民乐合奏、民间娱乐和庆祝活动中都少不了它。

钹的由来

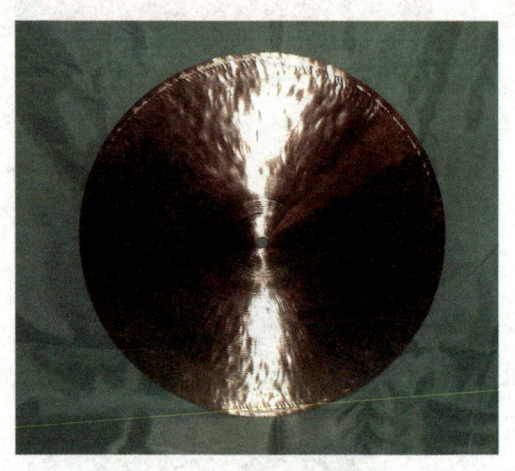

钹在中国出现的年代比锣稍早一点。从目前掌握的史料看，钹在公元4世纪左右，随天空乐由印度传入中国。

中国古代称钹为铜钹，唐代的10部乐中的燕乐就用到钹。宋代以后，铜钹就已在宫廷名乐、戏剧音乐和舞蹈中广泛应用。经过许多世纪的流传和引进，钹已成为具有民族特色且表现力又极为丰富的乐器。

鼓的由来

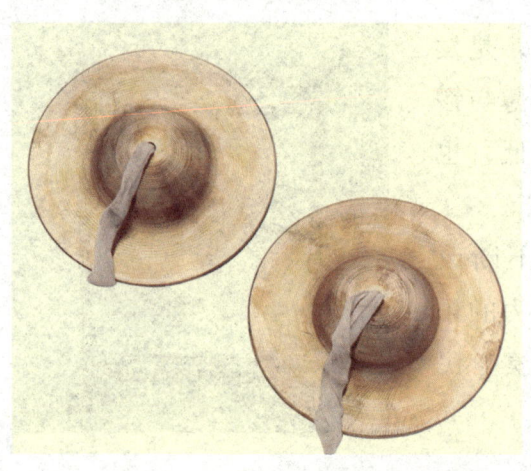

鼓，是中国劳动人民自古就非常喜爱的一种乐器。远在上古时代，我们勤劳的祖先在说话唱歌的同时，就会用鼓来表达自己的思想感情了。据传说，我们的祖先在劳动过程中，发现枯树干和实心树干有完全不同的声音，并且发现中空物体有音量增大的共鸣作用。于是，他们便用空心树干，蒙以兽皮和鳞皮，做成了木鼓，供娱乐时敲打。到了汉朝，不仅有大小、形状、质地、装饰不同的鼓，而且民间出现了舞鼓乐。

在古代，鼓不仅是乐器，而且还是军中必备之物。汉朝初年，守卫边疆的军队常用鼓、箫、笳等乐器，合奏一种乐曲，以壮军威，叫做"鼓吹'；军中用以报时、警众或发号施令者，叫做"鼓角"；出战时擂鼓呐喊，大张声威，叫做"鼓噪"。

鼓，还有其特殊作用。有一种铜鼓，古代人把它作为一个地区或一个部落的政权与经济势力的象征，于是族长或酋长像保护身家性命一样保护这种铜鼓。

箫的由来

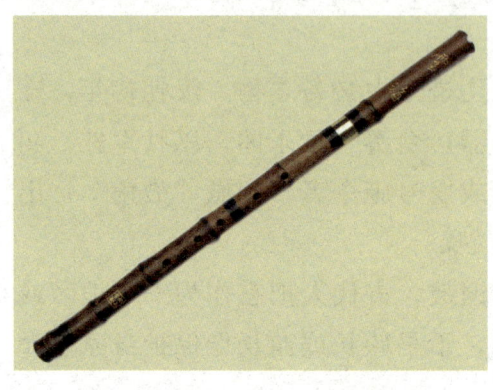

箫，在古代是指一种编管乐器，即排箫。《风俗通》说："舜作箫，其莆参差，以像凤翼。"说明那时的箫并不是单管，而是由许多长短不同的竹管直排而成的，形制很像飞鸟张开的翅膀。据记载，箫有大小之分，大者24管，小者16管（一说大箫23管）。由于竹管长短不一，故吹出来的声音就有高有低，"长则浊，短则清"。生活在春秋时期

的萧史,吹的正是这种直排横吹的排箫。

今日竖吹的单管箫,古代叫"笛",又叫做"羌笛"。这种乐器,大约在汉武帝时才由西域传入中原地区。最初,它只有4个孔,经汉代京房的改造,才成为5孔。后来,在流传过程中又多了1孔,便成为今日这个样子。

古琴的由来

古琴是中国最古老的弹弦乐器。原称琴,近几十年来,才加上"古"字。它有7根琴弦,所以也称为7弦琴。

古琴的历史十分悠久。早在周朝时候已普遍流行。根据《诗经》记载,那时,它常与瑟合奏,还用于伴奏歌唱,成为一种重要的乐器。公元前3世纪时,嵇康的《琴赋》中,有"徽以钟山之玉"的文

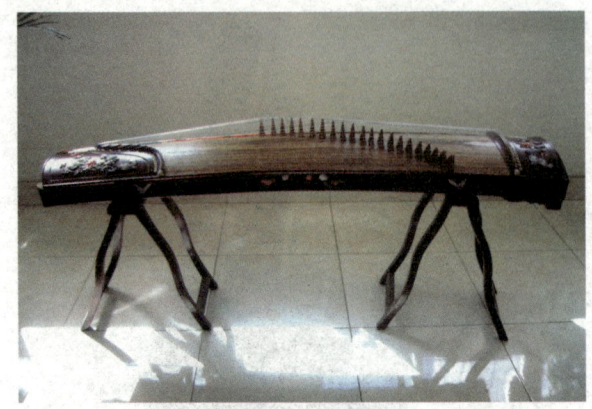

句,并且提到了"徽"的作用。"徽"对于古琴很重要,它是用来表示泛音的位置,为演奏者提供按音的标志。可见,1600年前的古琴构造,和现在大体相同。

周代用琴弦之类的乐器伴奏歌唱,叫弦歌。当时古琴与民歌有着密切的联系。到了唐代,古代名歌"清乐"逐渐散失。当时的统治阶级对古琴已不大重视,琴被排斥于宫廷雅乐之外,但在群众中仍然流传。

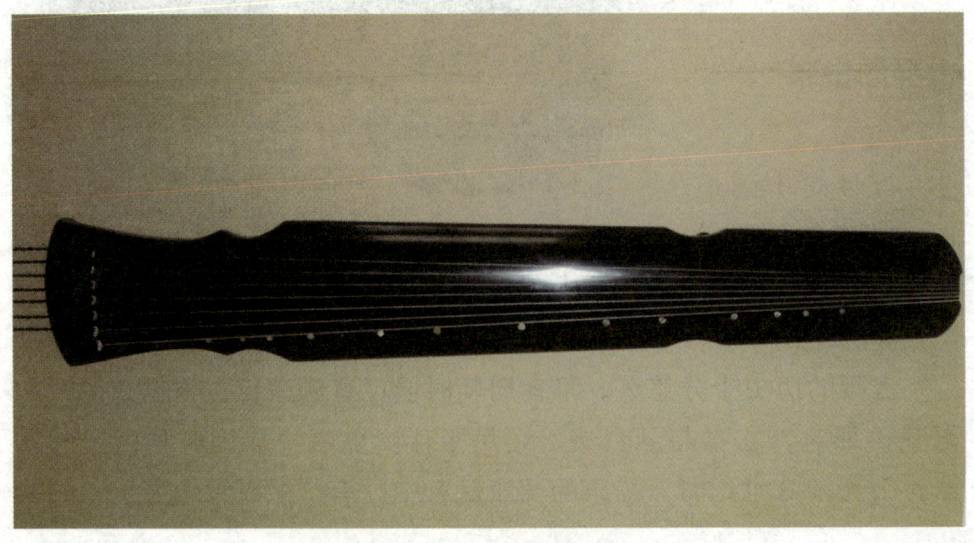

古筝的由来

筝，这种中国古老的民族乐器，早在战国时期就已经流行于秦国（今陕西）了，所以也有人叫它秦筝。

据古籍《隋乐志》和清代人朱骏声所著的《说文通训定声》记载，都说筝是秦朝大将蒙恬创造的。古筝原只有5弦，用竹做成，形状如筑（现已失传），后蒙恬将它改为10弦，变形如筝，以木代竹。到了唐代以后，古筝的弦数增加到13弦。至于"筝"这个

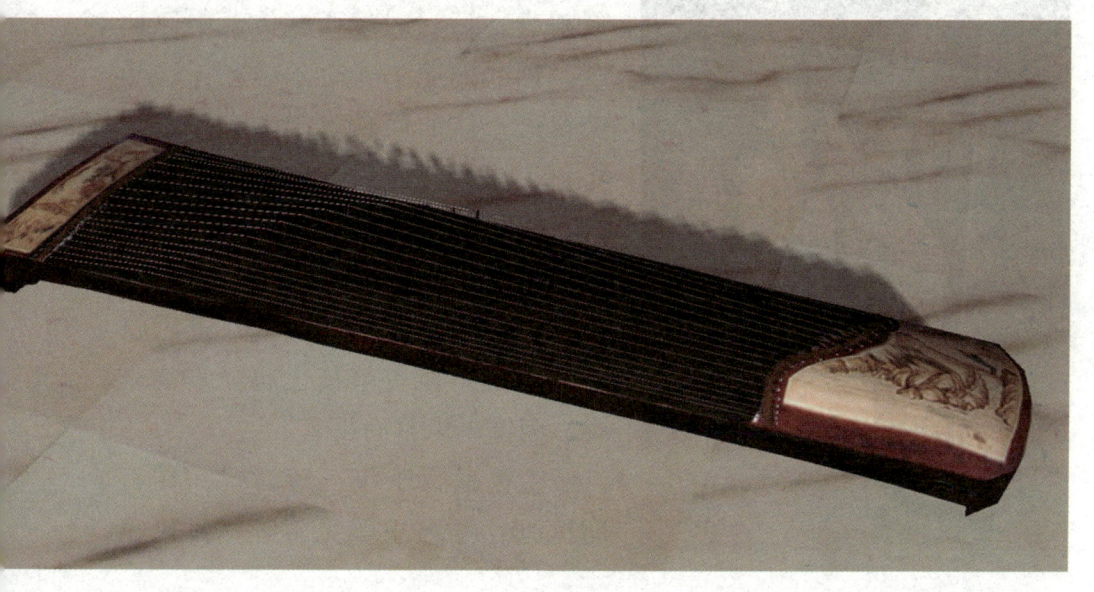

名称,据后汉刘熙《释乐器》的说法,是由于筝发出的音"筝筝"作响,因而得名。

箜篌的由来

箜篌是古代弹拨乐器,亦称"空侯"、"坎侯"。中国古代有卧箜篌、竖箜篌和凤首箜篌三种。

卧箜篌传为汉武帝时乐人侯调所造。据唐朝杜佑《通典》记载:"汉武帝使乐人侯调所作,以祠太一……旧说一依琴制。今按其形,似琴而小,七弦,用拨弹如琵琶也。"竖箜篌原是波斯乐器,为竖琴前身,后汉时经西域传至中原地区。据《旧唐书·音乐志》:"竖箜篌……体曲而长,二十有二(一作三)弦,竖抱于怀,用两手齐奏,俗谓之擘箜篌。"

凤首箜篌原出自伊拉克,后传入印度,唐代骠国(缅甸)进乐,传入中国。凤首箜篌也属竖箜篌一类,因饰以凤首而得名。

箜篌盛行于汉、唐时代,在石窟壁画、浮雕中屡见不鲜。古代在

诗词中也经常描述演奏箜篌的技巧和形象。到宋代,仍有箜篌、小箜篌、凤箜篌等多种形制存在。明代以后渐少使用,以至失传。

近年来,借鉴西洋竖琴并参考中国民族乐器的制作原理,设计制造了雁柱箜篌,独奏和伴奏效果很好,已被专业演奏团体编入民族乐队。

唢呐的由来

中国古代的吹奏乐器,除了笙、箫、管、笛外,还有一种喇叭形乐器,叫唢呐。

唢呐,俗名喇叭,至今已有四五百年的历史。据说,唢呐原为波斯、阿拉伯乐器。唢呐这个名称即波斯语Surna的译音。金元时传入中国,明正德年间(1505年~

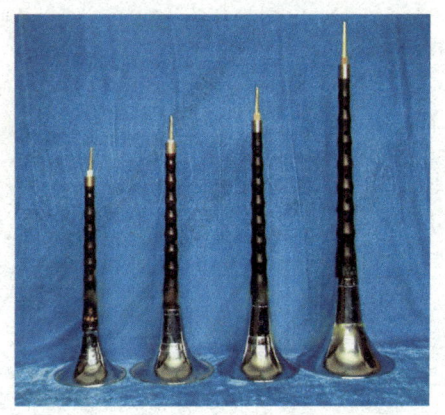

1521年）在中国普遍应用。王西楼所著《后道人今乐考证》中，有"喇叭，唢呐，曲儿小，腔儿大"的词句。清代将唢呐放在回部乐中，称其"苏尔奈"。《律吕正义后编》（卷七十七）和《大清会典》（卷四十三）两本书中，都写明苏尔奈一名唢呐，并附有图样。

从明至今，近500年来，唢呐在中国民间广为流传，应用颇为普遍。地方戏曲、民间歌舞、吹打乐以及喜庆节日的庆祝活动中均用到它。

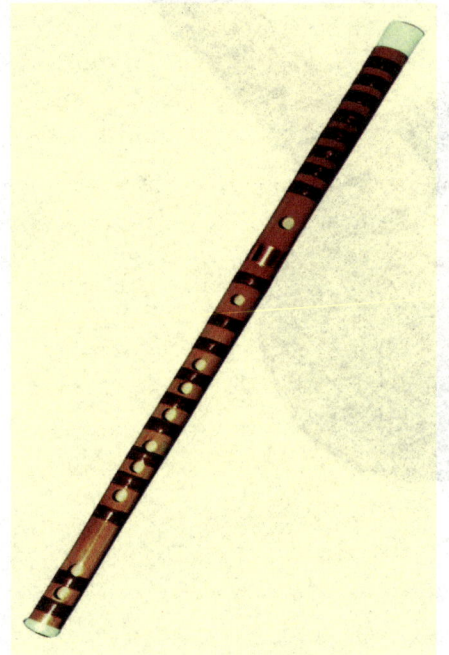

笛子的由来

笛子是一种古老的管乐器。笛子源于中国。周代，便有竹制横吹的篪。传说，一放牛郎闲暇无事，利用竹制成篪，这即是最早的笛子。《诗经·何人斯》中有："伯氏吹埙，仲氏吹篪"句，即记述兄弟俩吹弄埙篪之事。周代还有一种竹制竖吹的"笛"，有五孔。汉武帝时，张骞通西域后，从新疆、中亚一带

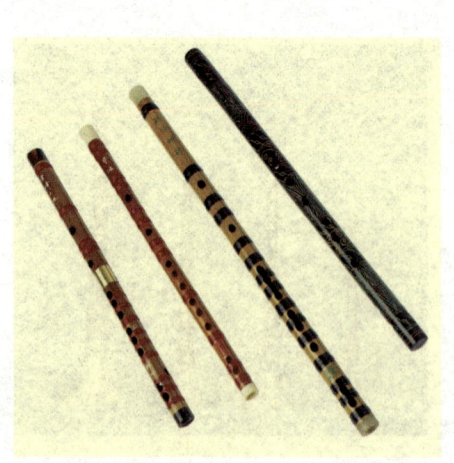

传入一种"横吹",是现在笛子的前身。从汉至今,笛子在中国民间广泛流行,品种日益发展,已有竹笛、木笛、铁笛,甚至玉笛、塑料笛等。

马头琴的由来

马头琴,蒙古族民间拉弦乐器,因琴首雕有马头形象而得名。马头琴距今已有1 300多年历史。最早产生于东胡的奚部,因此被叫做"奚琴"或"奚胡"。北宋欧阳修写有"奚琴本出奚人乐"的诗句,所写就是"奚琴"。清代称之为"潮尔"。

马头琴的诞生相传在赛马比赛中,赛马手苏和的小白马得了胜利,引怒了王爷的忌恨,小白马被害死。苏和怀念心爱的小白马,用木头仿照小白马的样子雕出了马头作为琴杆,马尾作了琴弦。粗犷深沉的琴声,抒发了他失去小白马的忧伤思念的心情,也道出了对王爷的愤恨。牧民们同情他的遭遇,一人唱万人和,马头琴很快就在草原上流行起来。

民间艺术的由来

秧歌的由来

"沓灯术，以观者之笑"。中国民族习俗每年春节、元宵节等都表演秧歌。其特点是欢快、兴奋、红火热闹。因其流传地区不同而有陕北秧歌、东北秧歌、河北秧歌、山东鼓子秧歌等几种不同风格的秧歌。

根据内容的不同，秧歌一般分为过街、大场和小场三种类型。"过街"是秧歌队在街上行进时，随着音乐所作的一些简单的舞蹈和队形变化；"大场"是集体群舞，以走出各种复杂的、图案变化丰富的队形为主，音乐伴奏也以打击乐为主；"小场"是带有情节的舞蹈或歌舞小戏，音乐伴奏用唢呐、笛子、板胡、二胡等，以吹奏曲牌、民间曲调为主。

1942年延安文艺座谈会后，秧歌有了很大的发展和提高，并在此基础上产生了秧歌剧，如《兄妹开荒》等。

高跷的由来

高跷,是中国一项传统的游艺活动。在原始社会,人们为采摘树上野果,在腿上绑两根木棍增加身高,这是跷技的最初形式。

据《列子·记符》记载:春秋时宋国有个叫兰子的人,善跷技;战国时,喜玩跷技的艺人,游走各国。看来,这个时期高跷已发展成一项杂技艺术。

宋代的高跷技艺又有发展。《武林旧事》记载,两宋时期的踏跷(即高跷)技艺高超,动作惊险,扣人心弦。后来,高跷又发展为一种民间舞蹈,称高跷秧歌。高跷秧歌在紧锣密鼓中配演小戏,即高跷戏,在春节和元宵节演出,很受人们喜爱。

狮子舞的由来

耍狮子这项文娱体育活动是中国春节期间的传统节目。

耍狮子舞的起源和一段有趣的历史故事有关。据《宋书·卷七十六·宗悫传》记载：南北朝时，宋文帝元嘉二十二年，南宋军伐林邑，"林邑王范阳迈倾国来拒，以具装被象，前后无际，士卒不能当"。宗悫想到狮子能威服百兽，便令士兵连夜用麻布"制其形，与象相御，象果惊奔，众因溃散，遂克林邑"。从此，耍狮子舞蹈便在军队中流行，而后很快传到民间。

到了唐朝时，耍狮子舞已是很流行了。例如，每头狮子随从有12只"狮子郎"，几十头狮子同台起舞，极为壮观。从南北朝的耍狮子到今天的狮子舞，已有1 000多年的历史了。

剪纸的由来

剪纸，是用镂空透雕来创造美的一种艺术形式。中国早在新石器时期，人们已经有了美的观念，并且产生了对镂空透雕美的追求。例如黄河流域的大汶口文化遗址出土的陶瓷，它的圈足就是镂空的花纹。

真正用纸剪成的剪纸，目前发现最早的是北朝时期的作品。在新疆吐鲁番阿斯塔那地区的古墓葬中，先后出土了5幅剪纸。其中有八角形团花、忍冬纹团花、菊花形团花3幅，层次交错、变化繁复，颇有韵律感；另两幅更为复杂，在几何形内圈之外分别剪出一圈对马和对猴，将动物很巧妙地组合在图形的画面中，给人一种清新之感，其艺术表现之成熟，绝非萌芽原始状态。

中国剪纸发展到宋代，已经在民间普及，并出现了专业剪纸艺人。明代剪纸已经达到很高的艺术水平。到清代，剪纸走出民间，进入宫廷，初登了大雅之堂。

景泰蓝的由来

景泰蓝，这种富有东方艺术色彩、凝结着手工艺匠人巨大智慧的艺术品，早在中国战国时期就开始生产，到了明朝景泰年间已经比较流行。由于当时只能做蓝釉，所以叫做景泰蓝。景泰蓝以胎质精致、色泽晶莹、图案奇巧、做工精细而享有很高声誉。

制做景泰蓝要经过37道工序。艺人首先把铜料打成瓶、罐、盒、盘等坯胎，然后凭着一把剪子、一个镊子，用头发丝那么细的扁铜丝在铜胎上编织出飞腾的蛟龙、奔驰的烈马、欢跃的飞禽、艳丽的花卉，或是翩翩起舞的美女。一个一尺多高的瓶，就要贴几万根铜丝。然后再涂上彩色釉料，经过烧焊、磨光、镀光、镀金等工序，制成完美的艺术品。

景泰蓝是高级的艺术欣赏品，又是生活用品，如酒具、烟具、粉盒、盐罐、灯台等。

根雕的由来

根雕艺术在中国有着悠久的历史，荆州出土的文物中就有三国时期的树根家具。根雕在创作中，要受到原材料形态的限制，既要充分利用根的天然形态，又要在作者明确的创作思想指导下，依势造型，因材施艺，进行取舍雕琢和工艺磨制等加工。这种根的自然美和雕刻美的"妙"、"巧"结合，充分体现了根雕艺术的创作规律。根雕艺术往往呈现似与不似之间，甚至有的比较夸张，但是每件作品都有具体的形象和内容，且具有内在含蓄的魅力和浪漫色彩。它通过艺术的象征和暗示，像折光一样地表达出作者要说的话。它包含有美的感知、理解、想象，具有诗一般的艺术语言和丰富的

思想意趣,因而能给人以启迪和美的享受。根雕作品具有深厚的容量和充分的表现手段,只要创作对路,可以说是"举世无双"的。根雕作品既有雕塑的风格,又有民间美术的味道;既有大胆的夸张,又有写意的神韵。它能把现实生活中美好的事物,用根的形象艺术地呈现在人们面前,有一股乡土气息,富于天趣。

盆景的由来

盆景是取材于植物、山石，配以盘盆几架，经艺术构思和技术造型，能在咫尺之内展现旷野林木之美、奇峰异石之趣的艺术品。盆景源于中国，约有1 300多年历史。

唐李贤墓的一幅壁画上，描绘了侍女手托盆景的画面，说明那时盆景艺术已很盛行。宋代，盆景有了进一步的发展。现收藏于故宫的两幅南宋著名的《十八学士图》，画中的大理石案上有一盆珍松，形态异常精巧。明代，有关盆景的记载，诗画更多。当时的盆景以培养松竹为上品，陈设在几案者为最佳。清代，供养盆景的风气已盛极一时。供做盆景的植物已发展到松、柏、梅、枫、榆等10余种。

最·不·可·思·议·的·万·物·由·来

二、文化由来之谜

中国文献的几个重要代表作的由来

《论语》的由来

《论语》是中国儒家经典著作之一,由孔子的弟子编辑而成。内容为记载孔子及其弟子的言行,对中国的思想和文化史有深远的影响。

中国古代写作体例,大体分为"著作"、"编述"、"钞纂"三大类。由钞纂而成的书籍称为"论"。《论语》的"论",为排比资料、辑纂成编的意思。"语"系语录之意。即为辑纂孔子及其弟子语录。

《汉字·艺文志》解释《论语》由来时说:"论语者,孔子答应弟子、时人,及弟子相与谈接,闻于夫子之语也……夫子既卒,门人相与辑而论纂,故称之《论语》。"

《诗经》的由来

　　《诗经》是中国最早的诗歌总集。编成于春秋时代，今存305篇。《诗经》分为"风"、"雅"、"颂"三大类："风"有15国风，大都是民间诗歌，计160篇；"雅"有"大雅"、"小雅"，多为贵族之作和周代史诗，计105篇；"颂"有"周颂"、"鲁颂"、"商颂"，多为宴饮祭祀之歌，计40篇。除个别诗篇外，绝大多数诗篇的作者均不可考。

　　《诗经》本只称《诗》，被儒家列为经典之一，故称《诗经》。

《礼记》的由来

《礼记》是中国古代各种礼仪论著的选集。内容有的是解释礼经（即《仪礼》），有的是考证和记载礼仪制度，有的是记述某项礼节条文和某项政令，有的是谈关于礼制的理论，还有些篇章是专门记录孔子和弟子的言论以及孔门和时人的杂事，共有49篇。有些内容是采自讲礼的古书，多数篇章则是孔子弟子及其再传、三传弟子等所记。

《礼记》有两种本子，都是汉人辑录的。戴德辑录本叫《大戴礼记》，原有85篇，现存39篇。戴圣（戴德之侄）辑录的叫《小戴礼记》，共49篇，即现在通行的《礼记》。

"记"的意思是"记载"、"记述"。在汉代，"记"和"经"是相对的，经典条文称"经"，一般记载称"记"。在三部礼书中，《周礼》《仪礼》为"经"，而《礼记》为"记"。

"礼记"二字的意思即"关于礼仪制度的各种资料杂记"。

《吕氏春秋》的由来

战国是诸子百家争鸣的时代,荀子、孟子等人都写了不少著作。秦国丞相吕不韦觉得文人学士大可利用,于是就把一些有学问的门客集中到一起著书立说。吕不韦说:"从现在起,我们每个人都把自己的所见所闻写下来,然后再集中起来,就可以写出一部宏伟的著作"。

大家按照吕不韦的想法分头写起来。过了一段时间,一叠一叠的稿子写出来了。吕不韦把大家写的稿子收集在一起,统一修改了一遍,最后编成一部无所不包的著作,题名《吕氏春秋》。全书分为"八览"、"六记"、"十二纪",一共二十多万字,内容包括天地万物古今之事。

《吕氏春秋》成书之后,吕不韦认为自己主编的这部书内容丰富,文辞绝妙,所以就把它公布于京城咸阳的城门上,同时在上面挂了一千两银子。声称:谁如果能够在书上增加一字或减少一字,就把这一千两银子送给他。

当时的诸侯、游士、文人墨客来往于咸阳的非常多。他们路过城门时都走到近前去看,可是却没有一个人能够改动一字。所以那一千两银子就一直挂在那里。这就是一字千金的典故。

《春秋》

《春秋》的由来

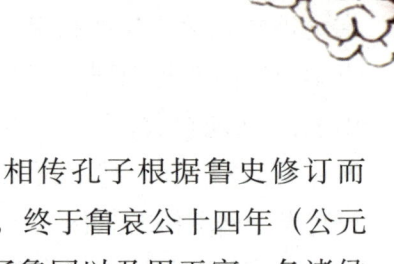

《春秋》是中国第一部编年体史书。相传孔子根据鲁史修订而成。所记起于鲁隐公元年（公元前722年），终于鲁哀公十四年（公元前481年），共计242年。该书简要地记录了鲁国以及周王室、各诸侯国家的大事。

"春秋"是先秦各国史书的通名。《墨子·明鬼下》引有周之《春秋》、燕之《春秋》、宋之《春秋》、齐之《春秋》等。

后代史书也多以"春秋"为名者，如汉陆贾《楚汉春秋》、汉赵晔《吴越春秋》、北魏崔鸿《十六国春秋》等。这些"春秋"就是"历史"的意思。然而仅用"春秋"二字，指的则是先秦鲁国史书。

"春"、"秋"本是四季中的两个，为什么连用就有"历史"的意思呢？

古人于四季之中，较多地重视春、秋二季，所以经常把"春"、"秋"连用，以表示"岁月"、"时间"。

晋代杜预《春秋左传集解序》曰："故史之所记，必表年以首事。年有四时，故错举以为所记之名也。"用"春秋"代表"四季"，进而代表"岁月"、"时间"。而记载历史离不开"岁月"、"时间"，以"春秋"指"历史"，则是顺理成章的事了。

《二十四史》的由来

《二十四史》是研究中国古代历史的重要史料,因此,它也被人称作正史。

《二十四史》这个名称,有一段逐步演变的过程。最初,在晋朝时叫做四史,就是《史记》《汉书》《后汉书》《三国志》。到了唐代,又出现了《晋书》《宋书》《南齐书》《梁书》《陈书》《魏书》《北齐书》《周书》《隋书》。因此,加上原来四史,称为十三史。到了宋代,又增加了《南史》《北史》《旧唐书》《新唐书》。因此,连原来的十三史,称为十七史。到清代,又新添了《宋史》《辽史》《金史》《元史》《明史》。因此,加上原来十七史,称为二十二史。过了不久,又把宋朝人写的《新五代史》《旧五代史》算进去,一并叫做二十四史。从清朝到现在,人们通常都习用二十四史这个名称。但后来也有叫二十五史的,因为在1912年,《新元史》编成,就又把它算进去了。

《康熙字典》的由来

字典是解释单字（注意、用义、用法）的工具书。1716年（清康熙五十五年）由张玉书等30人花了6年时间编成一部这样的工具书，康熙帝看了后说，这部书善美兼具，可以奉为"典常"，因此命名为"字典"，这就是《康熙字典》。从此以后，这种解释单字的工具字都称作"字典"。

《四库全书》的由来

《四库全书》是清代纂修的一部大型综合性丛书。

它将中国历代的遗著,做了一次总结性的编集,所收书籍共有3 503种79 337卷。全书按经、史、子、集四部分类。中国的古籍,自晋初荀勖的《中经新簿》以后,历来分为经、史、子、集四个部类。唐玄宗时,在宫廷中修建了四个书库,分别储藏经、史、子、集四类书籍,"四库"

的名称，即由此而来。所谓"四库全书"，即是经、史、子、集四部全书的意思。

公元1772年（乾隆三十七年）2月，乾隆皇帝下令各地访求天下遗书典籍"汇送京师"。随后开设"四库馆"，网罗了三四百位学者文人，分工合作，开始了《四库全书》的编纂工作。

编入的典籍来源于三个方面：一是朝廷原有的书籍，二是各地采进或私人进献的图书，三是从

明代大类书《永乐大典》中辑出的文献。工程异常浩大，与事者3 000多人，历时10年之久，终于在公元1782年全部完成。全书荟萃群籍，把中国清乾隆之前历代的大部分著作都收了进去，成为一部卷帙浩繁、举世无双的大典丛书，共有9.97亿字，分装为36 000多册。

《四库全书》是由乾隆皇帝第六子永瑢领衔纂修的，而实际上是由《阅微草堂笔记》的作者纪昀（纪晓岚）主编而成的。

国外几个重要的文学代表作的由来

《失乐园》和《复乐园》的由来

1645年，英国发生了资产阶级革命，革命政党和军队的首领克伦威尔采取果断措施，使国会判处了查理一世的死刑。

当时，克伦威尔身边有一个秘书官，是他的左右手。这个秘书官就是后来写了《失乐园》并获得了世界声誉的大诗人约翰·弥尔顿。

弥尔顿在晚年用他坚强的意志和努力，完成了《失乐园》这部不朽的巨著，接着又写了它的续篇《复乐园》。

《失乐园》和《复乐园》这两个诗篇的主

题,都是善与恶、神与恶魔的斗争。前者象征性地描写了封建贵族和清教徒之间进行的战争,而亚当和夏娃的乐园生活,则反映了清教徒对家庭生活的理想。后者把基督写成崇高的道德化身,他战胜了所有的诱惑。

　　弥尔顿的后期生活是不幸的。1660年旧王朝复辟,查理一世的儿子查理二世登上了王位,进行了野蛮的反攻倒算。弥尔顿的著作曾被烧毁,他的财产被政府没收。后来又遭遇火灾,一切都化成了灰烬。但是尽管处在这样的境遇里,他并没有因为两眼失明而停止工作。《失乐园》四卷是他艰难地用口述的方法由别人记录遗留下来的。

《草叶集》的由来

惠特曼为什么要把自己的第一部诗集题名为《草叶集》呢？他认为，最适合作诗的主题的东西是普遍的、最常见的事物，是像人类各民族中的普通人民一样到处生长的青草。

他说："我的诗不是用一般作者所采用的创作方法——把自己关在书斋里进行写作，精心地研究文学公式，随时请教权威等，而是用另一种完全与此不同的方式写作出来的，那就是首先使自己投入到那一时期的生活的人群及现实生活和火热的斗争中去。"

诗集出版前没有预告，初版时封面上甚至没有作者的名字，但是"草叶集"三个字却郑重地烫了金，字的周围缀满了长串的金黄色的草叶和草根，充分形象地显示了作者对广大人民的热爱和崇敬。

《汤姆叔叔的小屋》的由来

小说《汤姆叔叔的小屋》的作者是19世纪美国一名默默无闻的家庭妇女，她叫斯托夫人。

斯托夫人写这部小说实属不易。首先，当时在奴隶制的美国，作者要想写一部反映奴隶主对奴隶的残酷剥削和压迫、歌颂黑奴的反抗和斗争的小说，显然是要担很大风险的。其次，斯托夫人的家庭生活十分困难，全家仅依靠着丈夫在大学教书挣来的微薄收入维持生活。当时，斯托夫人在写作时想买点书籍、稿纸、墨水都是很困难的。另外，她是个家庭妇女，而且是一个已有6个孩子的母亲，她要煮饭、洗衣服、奶小孩，她常常是一边洗衣服，一边构思；一边做饭，一边想故事；一边奶小孩，一边看稿子……就这样，经过大约一年的时间，她终于写成了这部轰动国内外的小说。

这部小说在美国一次就出版了30万册，出版3天就售出了1万册，不久就全部卖完了。此书后来还被翻译成多国文字出版。难怪当时领导黑奴解放战争的林肯总统在一次接见斯托夫人时，称她为"写了一部书，酿成一场大战的小妇人"。这句话虽然是玩笑，但也说明了《汤姆叔叔的小屋》一书之影响力确实是很大的。

《天方夜谭》的由来

《天方夜谭》又名《一千零一夜》，它是一本古代阿拉伯的民间故事集。

《天方夜谭》里的故事形成于公元8—16世纪，它的蓝本是古波斯语《一千零一个故事》。

这本书叙述古代有一个阿拉伯国王，由于他怀疑王后与人行为不轨，便气愤地把妻子杀死了。此后，他每天要一个妻子，第二天清晨就把她处死。许多民间的少女惨遭杀害，举国上下，人心惶惶。这时，有个宰相的女儿为了拯救更多女人的生命，她自告奋勇地嫁给了国王。她聪慧、机智，入宫后，每天晚上给国王讲一个动听的故事。为了引起国王的兴趣，她每讲到精彩的地方便故意停下来，不久，天色已亮。国王还想听下去，就只好让她到晚上继续讲。如此夜复一夜，一直讲了一千零一夜……

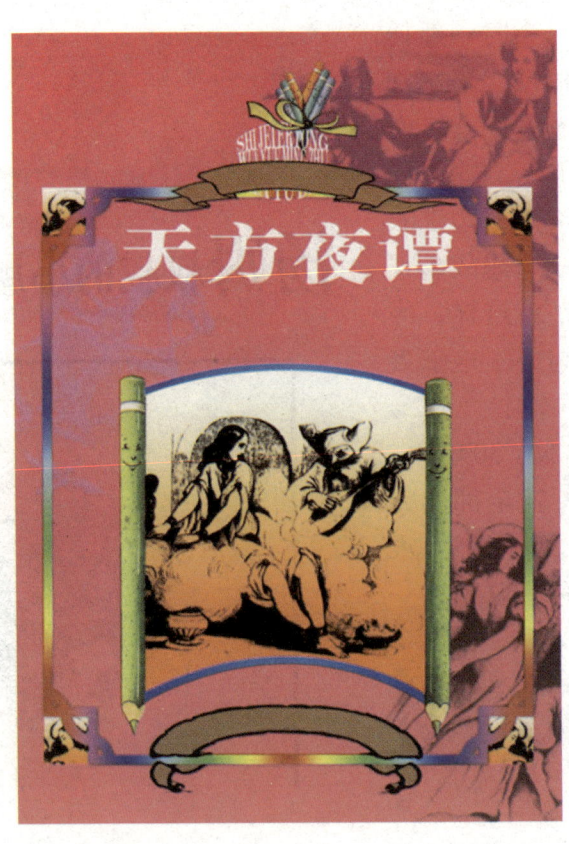

《天方夜谭》中的故事，想象丰富，描写生动，富有传奇色彩，是一部家喻户晓的文学名著。

文化
由来之谜

《钢铁是怎样炼成的》的由来

1930年秋天,双目失明、两腿瘫痪的尼古拉·奥斯特洛夫斯基开始了《钢铁是怎样炼成的》的写作。早晨,在妻子拉亚去工厂上班前,奥斯特洛夫斯基总是让她把一切他用于写作的用具准备好,并在外面把门锁上。拉亚预先替他在带漏孔格的纸夹里装好25页或30页的白纸,扎得牢牢的,并把削好的铅笔和这个纸夹都放到奥斯特洛夫斯基的稍稍垫起来的膝盖上。这样,他便身体不动地沿着孔格写下去,他头一

钢铁
是怎样炼成的
奥斯特洛夫斯基的故事

动不动，铅笔也不离开纸格，因为这样才不会将一行字写到另一行上去。就这样，一直写完一页，然后用右手把它从纸夹里抽出来，这页纸就滑到地上了。等拉亚下班回来再把地上的稿子拾起来……奥斯特洛夫斯基终于忍着病痛，坚持完成了这部自传体小说《钢铁是怎样炼成的》的写作。

1932年5月，小说在《青年近卫军》杂志上发表。后来，出版社在出这部书时，劝说作者更改书名为《保尔·柯察金》，但奥斯特洛夫斯基说："不，书名决不能改，我同这个名称血肉相连。对我来说，它好比指路灯塔。它不仅是描写共青团员保尔·柯察金的生平事迹，而且是阐明人是怎样锻炼成为共产党员的小说。贵族可以是天生的，但共产党员决不能是天生的。这就是这本小说所要阐明的主题。让这本书保留原名吧。"

最·不·可·思·议·的·万·物·由·来

三、历史由来之谜

中国历史朝代的由来

三皇五帝的由来

"自从盘古开天地,三皇五帝到如今"。人们一直认为,中华民族发生发展的历史,是从所谓"三皇五帝"开始的。而盘古,则是中国古代神话传说中开天辟地的巨人,是他挥起一把威力无边的神斧,将混沌的宇宙一分为二,从此才有了天地之别、日夜之分,至于"三皇五帝",这个问题历来史学家所说不一。

关于"三皇",有6种说法:天皇、地皇、人皇(徐整《三五历》);天皇、地皇、泰皇(司马迁《史记》);伏羲、神农、女娲(《春秋纬运斗枢》、皇甫谧《帝王世纪》);伏羲、神农、祝融

(《白虎通》);燧人、伏羲、神农(谯周《古史考》);伏羲、神农、黄帝(孔安国说)。

关于"五帝",有3种说法:太昊、神农、黄帝、少昊、颛顼(《礼记·月令》);黄帝、颛顼、帝喾、尧、舜(司马迁《史记·五帝本纪》);少昊、颛顼、帝喾、尧、舜(皇甫谧《帝王世纪》)。

由于时代和典籍的不同,"三皇五帝"所指也有所差异。其实,所谓"三皇五帝",只不过是传说中国史前时期部落或部落联盟的首领。

炎黄子孙的由来

中国人常常自称为"炎黄子孙",这是为什么呢?

在远古的时候,人都逐草而居。有三个大的氏族部落进入到黄河中下游流域:一是西方来的以"炎帝"为首的氏族部落;二是东方来的夷人氏族部落,以"蚩尤"为首领;三是西北来的以"黄帝"为首的氏族部落。

炎帝大部落来自陕西,沿着黄河向东而

来，到了河南、山东，传说炎帝姓姜，号神农氏。

黄帝大部落自陕西北部过黄河到了山西，沿着太行山，到达黄河之滨的河北源鹿地区。传说黄帝姓姬，号轩辕氏。

传说蚩尤是夷人，是九黎族首领。他们自东向西移动，和炎帝大部落打了多年仗，炎帝败北，退到河北，和黄帝大部落结

合，共同对抗蚩尤。蚩尤败后，南退至荆楚一带。从此，九黎人和南方苗蛮人相并结合，共同定居下来。

北方的黄、炎两族又争斗多年，结果炎帝失败。于是这两大氏族部落结合起来，共同开发黄河流域，创造了古代光辉灿烂的文化。

因此，中国说自己是"炎黄子孙"或"炎黄世胄"，道理就在这里。

主要朝代名称的由来

或许我们都能很熟练地背出中国的历史朝代名,但是你知道为什么会用这些字来命名呢?

夏:禹原为夏后氏部落首领,因此,禹的儿子启建立的奴隶国家叫"夏"。

商(殷):契是商部族的始祖,曾居于商(河南商丘),所以在灭夏后以"商"为国名。又因盘庚将都城迁到殷(河南安阳),所以商朝也叫殷朝。

周:因太王(古公亶父)居于岐山下的周原,所以武王克

殷后,以"周"为国名。

秦:周孝王赐非子"嬴"姓,并封"秦"(甘肃天水)地,以后立国就以"秦"为国号。

汉:刘邦原被封为汉王。后国

号叫"汉"。

三国：魏，曹操在汉献帝时封爵为魏王。他的儿子曹丕称帝后以"魏"为国号；蜀汉，刘备在成都称帝时，国号"汉"。因

都在蜀,故称蜀汉;吴,孙权建都建业(今南京),为古吴地,所以称"吴"。

晋:司马昭在魏国先封爵为晋公,后为晋王。他的儿子司马炎为帝,国号"晋"。

隋:杨坚原为后周之随王,后废周帝改"周"为"隋",因讳"随"有走义,故去掉"辶"为"隋"。

唐:李虎在西魏

时，被封为唐国公。李渊称帝后建立了唐朝。

宋：赵匡胤在后周时，被封为宋州节度使。因发迹于宋州，所以国号为"宋"。

元：本无国号，称蒙古。世祖忽必烈始建国号叫"大元"，取《易》中"大哉乾元"之义。

明：出于明教，明教有明王出世的传说。

清：努尔哈赤建立政权后，国号大金。皇太极继位后，为了避免汉族对历史上金国侵略的民族仇恨，改"金"为"清"（清即金的音转）。

中国君主制度的由来

君位禅让的由来

在尧、舜、禹时代，曾实行过一种"民主推荐，先考核后任免"的选拔部落联盟领袖的原始民主制度，史称"君位禅让制"。《史记·五帝本纪》记载，父系氏族社会后期部落联盟的首领唐尧（陶唐氏，名放勋），曾设官掌管时令，制定历法，确定庄稼播种收割季节，推动了农业生产的发展。尧在位后期，天下发生特大洪水，他任用鲧治理水患，未成，诛鲧于羽山（今山东郯城东北）。后四岳（四方部落酋长）推举舜（姓姚，有虞氏，名重华，史称虞舜）为继承人。尧命舜摄政，进行了三年考核。舜不负众望，巡行四方，消灭共工、兜和三苗，尧去世后继位。舜又咨询四岳，挑选贤人，治理民

事,并选拔治水有功的禹为继承人。禹继位后,又以皋陶为继承人。皋陶早死,又举伯益代替。后来禹死不久,禹的儿子启就与伯益争夺王位,杀伯益,自任首领。君位禅让制遂被破坏。

世袭制的由来

禅让制度破坏以后,中国进入奴隶社会。禹的儿子启诛杀四岳推举的部落首领伯益,以世袭制取代禅让制。其后,商朝、周朝都沿用了世袭制,世袭制日趋完善。

但具体要说到周文王,周文

历史
由来之谜

王的祖父古公亶父是周族的第一个首领,他有三个儿子,在率领族人迁居山下的周(今陕西岐山北)时,大儿子泰伯和二儿子虞仲没跟随迁徙。古公亶父临死时,把其首领地位传给了三子季历。季历(一作王季、公季)接位后,师承古公遗道,又与商贵族任氏通婚,积极吸收商文化,加强政治联系。在商王朝的支持下,他对周围戎狄部落大动干戈,不断扩充军事实力,使周族由过去受压迫的地位跃入奴隶主贵族的行列。商王文丁时,受封为牧师(一种职司畜牧的官),成为西方诸侯之长。后因权重遭忌,为文丁所杀。季历被杀后,其子姬昌世袭了王位,即历史上有名的周文王。周文王在任50年间,积善累德,礼贤下士,推进农桑,颇有建树。晚年,东

进剿商，建立了新的前进基地——丰邑（今陕西西安西南）。文王去世后，其子姬发继位，即周武王。他遵从文王"早图灭商"的遗嘱，亲率各方部落人马，进攻商都朝歌（今河南淇县西南）。经牧野（今河南淇县西南）会战，与阵前起义的商奴隶兵配合，推翻了纣王的暴虐统治，建立了西周王朝，时为公元前11世纪中期。自此，王位世袭制度，便历代沿袭，贯穿于中国整个奴隶社会和封建社会。

历史
由来之谜

皇室礼制的由来

皇帝喜用"紫"字的由来

为什么在众多颜色之中,皇帝偏偏喜欢用"紫"字呢?

北京的故宫称"紫禁城",帝都的道路称"紫陌",皇帝的诏书称"紫语"……溯其源,"紫"原指天上星宿。天上恒星中有三恒:紫微恒、太微恒、天市恒。紫微恒位居中央,太微恒和天市恒陪设两旁。古时,人们认为天皇是住在天宫里的,天宫当然在中央,故紫微恒以它居于中央的位置,成了古人心目中的天宫应在的场所。因此,天宫又叫紫微宫。人间的皇帝,自称"天子",故人们以紫微恒星代称皇帝,使皇帝与"紫"结下了不解之缘。

垂帘听政的由来

"垂帘听政"是中国一种特有的制度,在历史上有过好几次。

最早的一次要算战国时期的赵太后。她听取触龙的讽谏,把幼子长安君送到齐国为人质,求得齐兵援助,解了赵国之危。

唐朝的武则天是中国历史上著名的女皇帝。她在称帝前,也搞过垂帘听政。

宋朝有两个垂帘者:一个是北宋时的高太后,她是宋英宗的皇后。英宗死后,神宗继位。神宗死后,年仅10岁的哲宗上台。高太后"受英宗之托",以太皇太后的身份听政。另一个是南宋的谢太后。她在恭帝即位时被尊为太皇太后,垂帘主政。

此外，与北宋对峙的辽国萧太后，在其子圣宗即位时，以皇太后身份垂帘摄政。统治22年，与宋真宗订立了有名的"澶渊之盟"。

历史上的几次垂帘听政，以清代慈禧太后垂帘听政时间最长，其间两度引退，三次垂帘，前后达47年之久。

古代帝王称号的由来

中国的古代帝王除了他们的生前姓名外，一般在死后都要给他们封上庙号、谥号。

所谓"庙号"，就是帝王的子孙在宗庙祭祀时给他们的先人特立的名号。在上古时，帝王生前、死后用的是同一个名字。后来，人们

觉得直接称呼已死的先帝、先王的姓名不大方便，祭祀时直呼名字也有些不妥。所以，商朝祭祀时就用每个帝王生日的天干来称呼，不再用他的名字了，以表示恭敬。如夏、商两代的王，习惯上就是以庙号相称的，如夏朝的太康、少康、孔甲，商朝的祖甲、帝乙等。

"谥号"产生于周朝。据说，周公做谥法，每个天子死后，就根据他生前的行为，给他一个代名。譬如，周武王，因为他灭商朝有功，死后谥他为"武"，后人就不叫他周姬发，而叫他周武王了。周文王因为发扬文化，重视农业生产，关心内政，就谥他为"文"，后人亦就不叫他周姬昌，而叫他周文王了。

这种谥法一直流传了2 000多年，直到1911年辛亥革命爆发后，才随着封建社会的灭亡而消失了。

"山呼万岁"的由来

古代朝见帝王时,都有一个极其壮观的场面,就是"山呼万岁",这亦成为中国封建社会的一大特色。

山呼万岁亦称"嵩呼万岁",是封建时代臣民朝见皇帝的大礼之一。据说,汉武帝晚年一次登太室山(即嵩山),随从官员在山上听到有呼"万岁"的声音(实有人为讨好皇帝趁机捣鬼)。武帝非常高兴,下令增建太室神祠,改太室山为"富嵩山",简称"富山",并将听到"万岁"呼声的山峰封为"万岁峰",臣民们朝见皇帝,都要向皇帝呼喊三次"万岁",同时要跪拜叩头三次,表示祝愿。这种朝见大礼,叫做"山呼万岁"。

黄袍的由来

黄色在中国封建时期被当做皇权的象征，"黄袍"往往被看做古代帝王服色的象征。在民间一般禁用与黄色有关的服饰。

"黄袍"作为帝王专用衣着源于唐。黄色服饰在中国古代一直比较流行，唐以后，皇帝已不情愿自己和一般人同着黄袍了，唐高祖时就曾"禁士庶不得以赤黄为衣服"。唐高宗时又重申"一切不许着黄"。

但这时的规定并不严格,一般百姓着黄衣仍然较多见。到了北宋时期,北汉与契丹南侵,赵匡胤率兵北征。960年,到陈桥驿时,众军士以黄袍加其身,拥立为帝,旋回兵返京,正式登基,从而使黄袍正式成为皇权的象征。宋仁宗时还规定:一般人氏衣着不许以黄袍为底或配制花样。

自此,不仅黄袍为皇帝所独有,连黄色亦为皇帝专用。

科举取士的由来

以科举取人才，始于隋朝。隋文帝杨坚统一天下后，为了使各地的人才脱颖而出，采取了考试的方法。587年，文帝定制，每州每岁贡士三人，州县保荐贡士的标准是文章华美者。599年，隋文帝又以志行修谨（有德）、清平干济（有才）两科举人。这个制度，到了其子隋炀帝杨广执政时，又有了发展。607年定十科举人，其中有"文才秀美"一科，即进士科，提倡文人以诗赋获取功名。

开科取士的制度在唐朝被巩固下来。唐太宗李世民规定学士和乡贡受吏部考试，科目有秀才、明经、俊士、进士、明法、明字、明算、一史、三史等。其中明经与进士两科，为考生们所热衷。明经主要考帖经，进士主要考诗赋。由于诗赋的形式活泼，考生可以自由发挥，显

示自己的才华，当时不少名人往往从进士登第而入仕途。故而，尽管明经科取士是十人中取一二，但考生仍然拥向进士科考场。

隋唐兴科举取人才，这是中国封建社会用人制度的一大进步。

历史上主要国家国名的由来

印度国名的由来

印度历史悠久,原为婆罗多,是古印度一个名叫婆罗多的国王建立的国家。

古代印度人以"信度"一词表示河流。所以，印度最初指印度河流域，后来才逐渐包括恒河流域及整个南亚次大陆。古波斯语将信度转变为"印督"；古希腊人又变"印督"为"印度伊"。在希罗多德的《历史》中，印度称为"印度斯"，后来，罗马沿袭了这个词。

中国史书中，最初称印度为"身毒"，后来又有"天竺"、"忻都"等称。中国用"印度"这个词始自玄奘的《大唐西域记》。书中载："译夫天竺之称，异议纠纷，归云身毒，或曰贤豆，今从正音，宜印度。"

泰国国名的由来

泰国历史悠久，与中国临界，原名叫暹罗国。据当时的史书记载：14世纪中叶，暹国和中部的罗制国合并，称做暹罗。其实，早在6世纪"暹罗"这个名称就有了，它是用来称呼皮肤较黑的部族的。1939年改名为泰国。在泰语中，"泰"的意思是"自由"，当地土著称自己的国家为孟泰，"孟"的意思是"国家"，因此泰国的原意是"自由之国"

或"自由土地"。泰国也是一个佛教盛行的国家。佛教传入泰国已有2000多年的历史，90%的居民虔诚地信仰佛教，国家把佛教定为国教。全国有僧侣20多万人，沙弥（童僧）10多万人，因此有"佛教之国"之称。泰国是亚洲产象最多的国家之一，所以又有"大象之邦"和"白象之国"之称。

新加坡国名的由来

新加坡是东南亚的一个岛国。旅游业是新加坡的支柱产业。它位于马来半岛南端,由新加坡岛及其附近的54个小岛组成。

"新加坡"意为"狮子城"。这一名称源于如下传说:室利佛逝王国的王子对圣尼罗优多摩随父乘船离开苏门答腊巨港,在宾丹岛登陆。在岛上他见到一个秀丽端庄的公主,两人一见钟情,互相爱慕。王子同她结为夫妇,并做了宾丹岛王。一天,他带着妻子和随从外出狩猎,来到单马锡

（新加坡原名）刚一上岸，突然一只黑头红身、胸生白毛的野兽从沙滩上疾驰而来。王子不知是何种动物，便向随从询问，随从信口答是"狮子"。王子信以为真，非常高兴，认为这个地方是块吉祥之地，便决定在此建国，并把单马锡改名为"新加坡拉"。梵语和马来语的意思，"新加"就是狮子，"坡拉"即为城市。19世纪初，新加坡沦为英国殖民地后，称为"新加坡"。

马来西亚国名的由来

马来西亚是以古印度使用的达罗毗荼语中的马来为语源的国名。马来半岛从 5 世纪开始就成为印度人的移民地，并成为跨越大海向苏门答腊岛、爪哇岛输送印度文化的走廊。由于马来半岛山势险峻，移民未能成功，半岛上只出现一个由土著人组成的小王国。这是因为它是一个由马来山构成的半岛，从此以

后，马来半岛这个称呼一直沿用至今。1948年马来半岛成立联合邦，1957年宣布独立。

1963年9月马来半岛联合邦和新加坡以及加里曼丹岛北部的沙搪越、沙巴合并，马来亚联合邦便改称马来西亚。

1965年新加坡退出。现国名马来西亚构成要素是马来半岛的地名和地名接尾词—ai—"之国"，其意为"马来半岛之国"、"山岳之国"。

希腊国名的由来

希腊人曾住在巴尔干岛上的厄佩罗斯地区。其民族名叫希腊人。罗马人一直称希腊人为格雷埃奇人,称巴尔干地区为格雷埃西亚。

由于这个拉丁语名既可作为民族名,又可作为特定的地名使用,比较方便。现在使用的英语国名希腊(Greece),就取自拉丁地名格雷埃西亚。

中文译名"希腊"由该希腊语Hellad或Hellas音译而来。

意大利国名的由来

在远古的时候,意大利南部的卡拉布利亚区被人们称做艾诺利亚,或艾斯佩利亚、威大利亚(Vitalia)。

其中威大利亚的意思是:小牛生长的乐园。随着时间的流逝,当地居民根据读音的习惯把字母"V"省略了,这样就成为Italia,即意大利亚。

360° 全景探秘
历史
由来之谜

公元前5世纪的时候,这个名字传遍了整个亚平宁半岛。公元前6世纪,罗马共和国把亚平宁半岛正式命名为意大利亚。在英文中,Italia作Italy;中国译名是从英文转来的,所以写作"意大利"。

还有一种说法是,意大利的名称是由该国一个古代部落首领的名字演变而来的。古希腊人从海路到达意大利亚平宁半岛的普利亚地区附近后,把这里的维图利部落称为Italoi。后来罗马人沿用了这个名称,

最不可思议的万物由来

并用它作为意大利半岛上很多部落的共同称呼。因此，Italia（Italoi的拉丁文写法）这个名称产生了。

1870年实现统一，"意大利"一词正式成为统一王国——意大利王国的国名，1946年6月2日成立了意大利共和国。

奥地利国名的由来

奥地利在查理曼帝国时代命名为奥斯特马克(东部地区)。12世纪,形成了独立的公国。名字是由古高德语奥斯特(Ost,乐)和马克(Marth,边区)拼合而成的地名。新公国被称为奥斯特亚,是将奥斯特马克转化为拉丁语而成的。现在的奥地利共和国,继承了这个古地名,但采用的是英语读音。而奥地利使用的德语国名,则在旧名奥斯特Ost后接上reich,称作Omerreich(东方之国)。

英国国名的由来

英国的全称是大不列颠及北爱尔兰联合王国。大不列颠是英国本土最大岛屿的名称，与爱尔兰岛和周围5 500个小岛合称不列颠群岛。不列颠一词来源于古罗马，那时人们称该岛为"不列敦尼亚"。大不列颠岛最古老的名称是"阿尔比恩"即"白"的意思。这是由于大不列颠岛东南沿海岩石为白色而得名。北爱尔兰指的是爱尔兰岛的北部。爱尔兰是因爱尔兰人得名，其原意为"西方的"或"绿色的"。

中国称这个国家为英吉利，通称英国，该名来自英格兰一词。英格兰只是大不列颠岛上三个地区之一（三个地区即北部的苏格兰、南部的英格兰、西南的威尔士），它因日耳曼部族盎格鲁人得名。

法国国名的由来

法国又译作法兰西。公元前5世纪,今法国境内大部分地区为高卢人(凯尔特人的自称)所居住,所以学者将这一地区称为高卢。

公元3世纪末,散居莱茵河下游一带的日耳曼族法兰克人越过莱茵河入侵高卢。5世纪末,法兰克一部落首领克洛维占领北方高卢,成为法兰克王国首任国王(481—511年在位)。

法国国名来源于法兰克国名。Frank在日耳曼语中原意为"自由的",今France是从拉丁文Francia演变而来的。

西班牙国名的由来

西班牙位于欧洲西南部伊比利亚半岛。古希腊人称Liberia，古罗马人称Hispania。

一种说法是它的名称来源于腓尼基语Shaphan，意为野兔。因为古迦太基人在半岛海岸一带发现很多野兔，所以以此命名。

另一种说法是来源于希伯莱—腓尼基语Es-pana，意为埋藏，转义为矿藏、埋藏的财富。因为伊比利亚半岛盛产黄金、银、铜等，腓尼基人远道来此是为了掠取金银财富，因此命名。

美国国名的由来

我们知道USA是美国国名的缩写,那么它是如何产生的呢?

原来,最初美洲是被称为"America",这个词是1507年德意志地图学家兼地理学家M·瓦尔兹缪勒根据意大利航海家亚美利戈·韦斯普奇的名字,给新大陆起的。韦斯普奇是出生在佛罗伦萨的探险家,于1497—1503年间四次远航新大陆。其实新大陆应以哥伦布命名,但当时哥伦布的探险活动还是西班牙的国家机密,世人知者甚少。

最不可思议的万物由来

在美国独立战争时期，政论家托马斯·潘恩在《独立宣言》中，第一次正式地使用"美洲13个联合州一致通过的宣言"的副标题。其中的字头是："TUDTUSA"，直到1776年写入独立宣言时，才写作："The United States"。

后来有人干脆将其缩为"The States"。1791年，华盛顿把它缩写为"USA"。1795年"USA"的缩写正式见诸记载，含义是"美利坚合众国"。

加拿大国名的由来

1534年,一名法国人率领一支舰队来到北美洲一个海湾。他们沿海湾向内陆驶去,发现正行驶在一条大河上,就把这条河定名为圣劳伦斯河。在航行中,他们发现岸上有印第安人的茅屋,于是就登岸。印第安人热情地接待他们。法国人问这是什么地方,叫什么名字。印第安人不懂他们的话,以为在问他们的村庄,便随口回答:"加拿大"。印第安语中"加拿大"是村庄的意思,于是,"加拿大"就成了国名。

巴西国名的由来

巴西位于南美大陆东部和中部。1500年，葡萄牙人卡布拉尔奉王室之命，率船队远征印度，途中到此登陆，立了一个刻有葡萄牙王室徽章的十字架，并命名为圣十字架地，宣布归葡萄牙所有。

后来，在海岸附近发现一种纹路细密、色彩鲜艳、坚固耐用的树木，可提取宝贵的染料。这种染料纯粹为白色，暴露于空气中便变成红色。当时便借用东方一种相似的树木——红木的名字来称呼这种树木，葡萄牙语红木称"巴西（Braza）"。

以后，"巴西"一名逐渐成为这块陆地的正式名称。

阿根廷国名的由来

阿根廷是南美国家。1526年，意大利探险家塞巴斯蒂安·卡伯特考察南美大陆的河流，把巴拉那河与乌拉圭河的汇合部分命名为拉普拉塔河，即"白银之河"。这是因为他在考察探险中，遇到的印第安人都用白银和他交换物品，卡伯特由此断定这里出产白银，故命名为"白银之河"（但实际上这一带并不产银）。后来，这条河流域的肥沃草原，成了西班牙的拉普拉塔殖民地，有大量的殖民者移居。1810年，殖民地人民掀起了独立运动，于1816年独立。新的国名是把旧名拉普拉塔用西班牙语形容词"白银的"替换而成。现名"阿根廷"直译是"白银之国"，而其内容的意思是"拉普拉塔河之国"。

埃及国名的由来

埃及位于非洲东北部,是世界四大文明古国之一。"埃及"之名源于古代一座城堡的名字。原古代名城孟菲斯的希腊语称埃及,意为"黑色"。孟菲斯城在开罗附近,有许多著名的古迹。

四、生活用品由来之谜

日常生活用品的由来

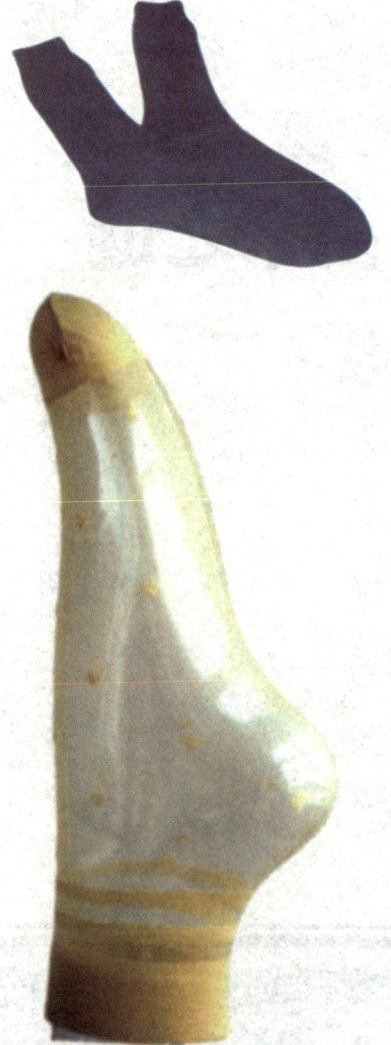

袜子的由来

从古代起，罗马城的妇女就在脚和腿上缠着细带子，这种绑腿就是最原始的袜子。后来，男人也效法使用。直到中世纪中叶，这种习惯才在欧洲广泛传开，只是用布片代替了细带子。16世纪时，可能是在西班牙，人们才把连裤长袜和裤子分开，并开始像编织手套那样编织袜子。

16世纪末，英国人W·李发明了织袜机，从而改进了制袜方法。不久，法国人富尼埃在里昂开始生产丝袜，到17世纪中叶又出现了棉袜。

直到1938年，美国杜邦公司的卡罗瑟斯博士领导的研究小组发明了尼龙后，袜子市场才发生了彻底的变化。在欧洲，第一批尼龙袜是1945年正式投入市场的。

衣裳的由来

现代,人们身上的穿着一般统称为衣裳。衣裳的名称始于战国时期。

最初的衣裳是什么样子呢?清雷尊《古经服纬》卷上引《五经要义》说:"太古之时,未有布帛,食兽肉,而衣其皮,先知蔽前,而未知蔽后,此即谓神农以前也。"最初的衣服应是树叶或兽皮连在一起的服饰。故后人称上衣作"衣",下衣作"裳"。到有文字记载的时代,中国的服装样式早已形成。如殷商时上衣、下裳连在一起的"深衣式"服装。到春秋战国时,这种上衣、下裳开始变化,女子的"裳裙"已比男子的"裳"长了一些,就是说这一时期男女还都穿"裙"子。从《诗经·绿衣》一诗中可以知道,2 500多年前古人穿的是绿外衣、黄内衣、黄短裙等服饰。《诗经》中多处提及有"麻衣领"的新式服装,以及"袍",一种行军者日以当衣,夜以作被的长式衣服"、"褐"、"袭"等儿童裸衣和皮衣。可见,当时先民们的衣着已十分可观了。

手帕的由来

手帕的来历已有几千年的历史。

在中国,手帕是从手巾逐渐发展而来的。早在先秦时期,人们每天洗脸时,就已经使用手巾了,当时称"巾"。在封建的中国,男女授受不亲,因此在使用巾时也有区别。一是男女不能共同使用一条手巾,二是手巾的执拿必须是女人,由此可见男尊女卑的封建伦理。但汉朝之前的手巾,只是洗脸时才用,平时并不用,所以称"面巾"更恰当些。汉朝以后,"巾"的用途扩大了,平时流泪也拿来揩拭,这时,有人已把"巾"称"手巾"了。

到了唐代,手巾有了进一步的发展,"手帕"的名称便是这时候兴起来的。"缏便红罗手帕子,中心细画一双蝉。"(唐人王建《宫词》之四)从这首诗中我们可以看到,唐时的手帕已有绘画刺绣,成为一种很美的装饰品,它已超出了生活日用品的范围。或许是手帕越来越鲜艳精美的缘故,明代以后,手帕竟成了妇女们美好的象征饰物。当时,一些交往深厚的妇女,往往自称为"手帕姐妹"。

古代人使用的手帕,都是手工产品,花色、品样及质量都有局限性。至

1928年，中国上海才出现了第一家专门生产手帕的工厂——汉阳手帕厂。汉阳手帕厂生产的机制手帕名为"环球牌"手帕，在当时很有些名望。

鞋的由来

鞋的历史，已相当久远。古称鞋为革沓跂或屦。大约在5000多年前的仰韶文化时期，即出现了兽皮缝制的最原始的鞋。3000多年前的《周易》中已有"屦"的记载。《诗经》上"纠纠葛屦，可以履霜"里的"屦"，就是一种比较简陋的用麻、葛编成的鞋。

每一种鞋，都有自己的历史沿革。

皮靴是战国时孙膑发明的。孙膑被庞涓敲碎了膝盖骨后，不能行走，就用皮革裁成"底"和"帮"，然后缝成高皮靴。孙膑就穿着这种皮靴乘车指挥作战，打败了庞涓。中国历史博物馆里就珍藏着一双2000余年前的皮靴。

尖头鞋发源于法国。据说，是一个伯爵为了掩饰他那双畸形脚而做的。后来人们觉得它的式样新鲜奇特，争相仿效。

游泳衣的由来

1880年，泳装由一种光滑细密的棉布或法兰绒做成，着上衣，内穿束腹连身内衣，下身着长度至脚踝的灯笼裤，再加上其他附件搭配，才算是完美的装备。附件有：一双黑色的羊毛裤袜，一双用帆布制成的泳鞋，附有扣子及带子做装饰，鞋底是皮做的，有洞口，是为让水流出而设计的。头上戴着一顶大大的泳帽，用橡胶原料制成。当时的欧洲，男人在服兵役时都要游泳，因此，他们都是穿制服式的泳衣。1887年，游衣出现海军领。1888年，游衣又有了荷叶边设计，而裤子的部分也短至膝盖。1891年，可以露出手臂了。1901年，长裤变成短裤。当时有位名叫席诺的礼仪权威，对泳装非常反对，认为在大庭广众之下穿着泳装是不体面的事。因此，当时女性的泳装仍是把身体包在束腹连身内衣及长裤袜里面。1905年，澳洲女郎游泳通过塞纳河，引起瞩目：她的服装无袖，上衣是钩织而成，短裤外罩是一件很短的裙子。1907年，在海滩上开始出现女性赤裸着脚，不戴帽子、手套及内衣、衬裙等较简便的泳装。1911年，海滩装的式样，出现了无袖、微露胸部、长度到膝盖等改变。男士也有蓝、白线条及花俏的红、白款式的设计。同时，人们开始注意适合泳装的质料，应是可让皮肤透气且不易变形，不易褪色，最重要的一点是要容易晾干。

高跟鞋的由来

高跟鞋已盛行全球，成为女子钟爱的物品。关于高跟鞋的由来，有两种说法：一种说法是源于法兰西国王路易十四。当时，路易十四苦于自己身材矮小，不能在臣民面前充分显示他高贵的气度，就吩咐手下人为他订制了一双高跟鞋。此后法国贵族男女们纷纷仿效，并很快传遍全国乃至欧洲大陆。还有一种传说，15世纪时威尼斯有个商人，外出时害怕漂亮的妻子行为不端，就给妻子定做了一双后跟很高的鞋，以防止妻子外出。可妻子看到这双奇异的鞋后，觉得十分好玩，就让佣人陪她走街串巷，出尽了风头。人们觉得她的鞋很美，争相效仿。

领带的由来

领带始于罗马帝国时代。那时,士兵们在脖子上戴着一种类似围巾和领带的东西。直到1668年,领带在法国才开始变为今天这种样式,并发展成男子服装的重要组成部分,不过,那时领带在脖子上要绕两圈,两端随便地耷拉着,领带下面还有三个或四个花结的波形绦带。

1692年,在比利时的斯腾哥尔克城郊,英国偷袭了法国兵营。慌忙之中,法军军官无暇按照礼节系扎领带,只是顺手往脖子上一绕。后来,法军击溃了英军。于是贵族时装中又增加了斯腾哥尔克式领带:它用镶花边的细麻布制成,一端从坎肩的扣眼中穿过。斯腾哥尔克的英雄们名噪一时,连妇女们也竞相系斯腾哥尔克式领带。其实,在17世纪末已经流行起一种叫"克莱蒙"的花边领带。

进入18世纪后,领带交了厄运。取而代之的是

白洋纱"脖套"（它折三下，两端穿过系在后面假发上的黑花结）。但从1750年起，这种男子服装的装饰就被淘汰了。

这时，"浪漫"式领带出现了：这是一种方形白洋纱，它先对角折，然后再折几下在胸前打结。领带的系法十分讲究，被誉为真正的艺术。

1795年到1799年在法国又兴起了新的领带浪潮。

人们系起白色和黑色的领带,甚至在盥洗时也系着马德拉斯布领带。领带比以前系得更紧了。

19世纪的领带高高地遮掩了脖子。后来出现了"硬领"式领带,是用大头针别着的。它由各种料子制成,如绸缎、天鹅绒等。五颜六色的领带都时兴起来了。到70年代,首次推出了自结花结领带。第二帝国时代(公元1852至公元1870年)素有领带的发明时代之称。

服装口袋的由来

清代乾隆以前,中国的服装上尚未出现过口袋,人们宽大的袖子能在某种程度上起到口袋的作用。还有一种盛放东西的工具,叫做"搭裢",亦称"搭连"。"搭裢"中间开口,两端可装贮钱物,实际上是一个长口袋,小的可系在腰间,大的可搭在肩上。"搭膊"类同搭裢,也是一种装钱物的口袋。

中国人在衣服上作口袋,估计是随着鸦片战争的炮火,从外国传进来的。这种习俗首先在广州、上海、天津

等沿海大城市里流行开来。光绪十年成书的《津门杂记》说,当时天津的人们"于衣襟下每作布兜,装置零物,取其便也。近则津人习染,衣襟无不作兜。凡作衣店、估衣街所制成衣,亦莫不然"。

可见,那时在衣服上作口袋,已经成为时尚之举。而且,衣服上接个口袋,盛放东西,要比袖筒、里怀、搭裢等便利得多了,因而受到人们的普遍欢迎,逐渐在中国各地流行开来。

衣服上的口袋,不仅是为了实用,而且也是衣服装饰不可忽视的组成部分。中国服装设计师和广大群众,从对称、均衡的效果进行设计,发展成自己的民族风格。口袋的造型,又根据衣服的式样,衣料的花纹、颜色,变化多端,美观新颖比较常见的如斜口袋、方口袋、明口袋、暗口袋等。有的口袋上还装饰有各种上花边、袋盖。

服装款式的由来

迷你裙的由来

1935年，"迷你裙"以它独特的风格，引起整个西方世界的轰动。有趣的是，"迷你裙"的创始人是一位英国人。而英国人的服装，在世界上一向是被视为保守、古板、怪异的。这位英国人名叫玛莉·昆特。

"迷你裙"的出现，有它的历史条件。早在18、19世纪，欧洲的妇女们都是戴着饰物繁多的大帽子，穿着花边堆叠、绉裥累累的长衣裙去打高尔夫球和网球。1910年，有一位英国妇女大胆地穿上了男西装式的女上衣及平跟鞋，出现在球场上，成了轰动一时的创举。此后，英国女性中便流行起一种头戴小巧呢帽、身穿男式西装的轻便套装、脚穿平底鞋的装束。英国女性的这种新式打扮，引起了法国女性的哄笑："无跟的鞋，简直和男性没有什么区别"。正在此时，玛莉·昆特设计的"迷你裙"在英国问世了。她把当时只求简便而忽视女性魅力的呆板服装彻底改观了，获得了极大的成功。

此后，无论是在网球场上还是大

生活
用品由来之谜

街小巷，到处可以看见轻松活泼、俏丽潇洒的"迷你裙"。富有戏剧性的是，法国女郎抛开了过去的窃笑，纷纷仿效起这种既轻便、舒适，又具女性美的短裙，世界女装又向前发展了一步。

打褶裙的由来

古人为了抵御寒冷，把树叶或兽皮连在一起围在腰间，这就是最早的"裙"，也叫"围裙"。

4000多年前，黄帝制定了"上衣下裳"的制度，那时所说的"裳"，就是裙子，而且是男女同用的。到春秋时期，"裳"才专指女服。汉朝，妇女穿裙子已是很普遍的了。

《西京杂记·越飞燕外传》载：汉成帝时，有一位体态轻盈、能歌善舞的宫女，名叫赵飞燕，深得成帝宠爱。有一天，她穿着一条云英裙，与汉成帝同游太液池。当她在鼓乐声中翩翩起舞的时候，忽然刮起一阵大风，她像燕子一样被吹飞起来。周围的宫女见状急忙上前拉住她的裙子，才免于被风刮走，但是赵飞燕的裙子被拉出许多皱纹。出乎意料

最不可思议的万物由来

的是，这皱纹叠叠的裙子，却另有一番风韵。于是，宫女们特意将裙子做出许多绉褶，时人称其为"留仙裙"，也就是我们现在所说的打褶裙。

打褶裙慢慢传到民间，式样和色彩也不断翻新。隋唐时有多幅裙，黄、红色裙；元代有素静淡雅的鱼鳞百褶裙；明代有红色褶一裥长裙；清代有百褶裙等。

中山装的由来

中山装是中国的产物，它的由来与中国革命的先驱者孙中山先生有关。

1923年，孙中山先生在广州任中国革命政府大元帅时，感到西装样式繁琐，穿着不便，而中国原来的服装在实用上也有缺点。于是，他主张以当时南洋华侨中流行的"企领文装"的上衣为基样，在立领上加上一条反领，以代替西装衬衣的硬领。又将"企领文装"上衣的三个暗袋改为四个明袋，衣袋上再加上软盖，这样袋内的物品就不易丢失了。孙中山先生同时设计了与这种上衣相配的裤子。孙中山先生将设计好的图样拿到黄隆生那里。黄隆生是广东台山人，原在越南河内开设洋服店。1902年，孙中山先生一到河内筹组兴中会时，偶入其店购物，黄隆生获悉这位顾客就是革命领袖孙中山先生后，便恳切要求参加兴中会，并为革命出钱出力。就是他协助孙中山先生制成了世界上第一套中山服。

西装的由来

西装起源于欧洲。据说西装上装原来是渔民的穿着，他们终年与浪为伍，在海里谋生，敞领少扣的衣服穿起来方便，适于海上捕鱼劳动，后来逐渐演变成如今的样式。在西装中最为考究的，当属背后开衩的燕尾服，它原是中世纪欧洲的马车夫的装束。马车夫穿上后幅开衩的衣服，是为了骑马方便。西装在清朝晚期传入中国，很快被激进的青年们所接受。一时，"西装"成为新思想的象征。穿西装的人越来越多，而象征保守思想的长袍马褂则日趋没落。

穿西装，按规矩都得系一条领带。原来，古代的西方人，特别是住在深山老林的日耳曼人，他们披着兽衣取暖御寒，为了不使兽皮从身上掉下来，就用草绳子扎在脖子上，成为最原始的"领带"。很有点"领带"意味样子的装饰最早出现于17世纪的欧洲。那时，正有一支南斯拉夫克罗地亚骑兵队走在巴黎闹市街头，他们个个穿着整齐笔挺的制服，而脖子上都系一根布条，这引起了崇尚时髦的巴黎人们极大的兴趣，随即争相模仿，以示荣耀。后来，法国一位大臣上朝，脖颈上系了一条白绸巾，并打上一个漂亮的扣结，当时路易十四见了，大加赞赏，并宣布以领结作为高贵的标志，下令凡尔赛的上流人士都得如此这般。从此，系领带打结的习惯便延续下来了。在穿西装的时候，衬衣上都有一个硬领，那是古代的将士们防御敌人、保护自己的一种措施，咽喉部位的衣领，都是用皮革和金属特制的，用以防备敌人的利箭射在致命的喉部。

礼服的由来

礼服是专门用于参加各种礼仪活动，如晚会、宴会、出访或接待宾客等场合穿的服装。由于生活方式的不同，风俗习惯的迥异，各个时代、各个民族的礼服式样也不一样。例如，阿拉伯民族以他们特有的长袍作为礼服。缅甸人的沙龙、日本的和服，都是礼服的样式。而尼泊尔人则把窄腿白裤作为他们的礼服。另外，各国军队还有专门的军人礼服。在国际间通用的常规性礼服，男子以黑色燕尾服为代表，女子以白色披纱长裙为代表。

礼服形成于15世纪左右，最早出现在西欧的法国、英国、意大利等地。黑色的礼服象征着神圣、端庄，白色则象征着纯洁、高雅。早期的男子礼服佩有领带，后因人们参加舞会时很不方便，就改成了带领结。礼服的形成和当时的宗教活动有关，随着基督教徒的活动在世界范围内越来越多，礼服也很快风行开来，并一直流传至今。虽然经过多次的变革，但其基本形状还是和原先的大致相同。

夹克衫的由来

夹克衫是英文Jacket的译音,它是男女都能穿的短上衣的总称。夹克是我们现代生活中最常见的一种服装,由于它造型轻便、活泼、富有朝气,所以为广大男女青少年所喜爱。

夹克,是从中世纪男子穿的叫Jack的粗布制成的短上衣演变而来的。15世纪的Jack有鼓出来的袖子,但这种袖子是一种装饰,胳膊不穿过它,搭拉在衣服上。到16世纪,男子的下衣裙比Jack长,用带子扎起来,在身体周围形成衣裙,进入20世纪后,男子夹克从胃部往下的扣子是打开的,袖口有装饰扣,下摆的衣裙到臀上部用扣子固定着。而这时妇女上装也像18世纪妇女骑马的猎装那样,变成合身

的夹克，其后，经过各种各样的变化，一直发展到现在，夹克几乎遍及全世界各民族。不过，正如历史上所记载的那样，妇女真正开始大量穿用夹克，是进入20世纪以后。

夹克自形成以来，款式演变可以说是千姿百态的，不同的时代，不同的政治、经济环境，不同的场合、人物、年龄、职业等，对夹克的造型都有很大影响。在世界服装史上，夹克发展到现在，已形成了一个非常庞大的家族。如果把夹克从其使用功能上来分，大致可归纳为三类：作为工作服的夹克；作为便装的夹克；作为礼服的夹克。

在现代生活中，夹克轻便舒适的特点，决定了它的生命力。随着现代科学技术的飞速发展，人们物质生活的不断提高，服装面料的日新月异，夹克必须同其他类型的服装款式一样，以更加新颖的姿态活跃在世界各民族的服饰生活中。

裘衣的由来

裘皮服装在中国历史久远,早在公元前16世纪的殷商甲骨文中就有"裘"字。在历代诗书中关于裘皮的记载也很多,如《诗经》中有"狐裘"、"羔裘"的记载;《论语·乡党》中有"缁衣"、"羔裘"之说;汉朝末年蔡文姬所作《胡笳十八拍》中还有"毛毡为裳兮"的词句等,可见裘在中国古代服装中是占有一定席位的。古人穿裘,开始是为一般生活所需,随着社会变革,裘衣渐渐成为上层人物专用衣着,清朝宫廷内曾用不同品类的裘皮来代表和区别官职的高低,以海龙为最高,以后按玄狐、水貂皮、羊羔皮等下排,给裘皮服装染上了政治色彩。

除兽皮外,古代的裘衣还包括鸟类羽毛织成的服装,如青凤裘、集翠裘、凤毛裘、孔雀裘,这类裘衣金碧辉煌,是极名贵的珍稀之物。中国的裘皮在国际上享有盛名,中国出口的水貂皮、波斯羔皮和狐皮被认为是国际裘皮的三大支柱。由于裘皮服装雍容华贵、富而不俗,因此深受人们喜爱。

旗袍的由来

旗袍本是满族旗人妇女的土著服装。以后汉族妇女穿着的也多起来，并在原来的基础上不断改进，使之成为一种独特的女式服装。

据说，最早穿旗袍的汉族妇女是上海的女学生，她们穿着的蓝布旗袍引起了各界妇女的羡慕，纷纷加以仿效。同时社会舆论又表示赞扬。于是，旗袍一时间竟成为当时女子最时髦的服装。

清末满族旗女穿的旗袍，其特点是宽大、平直，衣至长足，而旗袍所选用的衣料大都是绣花红缎，在旗袍的领、襟、袖的边缘部分都用宽边镶滚。

20世纪20年代初，旗袍开始普及，起初式样与清末的差不多。但不久，袖口逐渐缩小，滚边也不如从前那样宽了。至20年代末，由于受欧美服饰的影响，旗袍式样也有较大的改变。此时的旗袍，衣长大大缩短，比以前更称身合体，也更能衬托出女性的曲线美。

到了30年代，旗袍已很盛行。那时旗袍式样的变化主要是在领、袖和衣长等方面。先是流行高领，后又流行起低领来。袖子的变化也是如此，时而流行长的，长过手腕；时而流行短的，短至露肘。至于衣长，也大致如此。

从40年代起，旗袍的式样趋向于取消袖子、缩短衣长和减低领高，使旗袍更加适体。

风衣的由来

风衣的出现,距今不到100年。英国的衣料商托马斯·巴尔巴尼年轻时就从事经营服装面料,并积极开发新品种,他在同行的协助下,经过反复试验,终于制出了防水加毕丁(一种细密的棉织物),使棉织品用于风衣取得了成功,并于1888年取得专利权。

在第一次世界大战中,托马斯·巴尔巴尼为了适应战斗的需要,设计了一种堑壕用防水大衣,款式为双襟两排扣,有腰带,领子能开能关,插肩袖,有肩章,在胸部与背上有遮盖布,以防雨水渗透,下摆较大,便于动作。通过试用,英军认为这种堑壕大衣适合在雨中作战的士兵穿戴。1918年,英军决定正式采用。

随着时代的变迁,当年军人穿用的堑壕大衣逐步演变成为生活服装,但其款式一直是现代风衣的基础。风衣也由单纯的男式发展到今天的男女两种并存,式样设计上也出现了多种花样。在门襟设计上,由原来的仅仅双排扣一种发展到单排扣、单排门襟暗扣、偏开门襟等多种;衣领设计有驳开领、西装领、立领等;风衣的袖子也变得多种多样,有插肩袖、装袖、蝠袖等等。风衣的色泽、装饰物,也有较大的变化。女式风衣的款式更是日新月异。在国际市场上,风衣已成为服装类的主要品种。

紧身健美装的由来

早在公元前2000年间,紧身健美装就被米诺斯青铜时期的克里特人穿用。米诺斯妇女把它作为外衣穿,以束紧腰身,抬高乳房;米诺斯男子穿用,以显示蜂腰体态。随着对体态审美观念的变化,紧身健美装也时有不同,或用于束紧压平上身,或用于托住并突出乳房。20世纪初,紧身健美装被大加修改,改短并不再支托乳房。1913年左右,又出现了一种用松紧材料缝制的无背紧身衣,称为"骑士式紧身衣"。1914年,美国人玛丽·菲利普·雅各布第一个取得乳罩的发明专利。20世纪30年代,骑士紧身衣改称为"紧身褡"(英国称为束带)。与此同时,将乳罩和紧身褡缝合在一起,称为"紧身健美装"并流传至今。

古代官服的由来

在中国的古装戏和戏曲片中,常会出现一些大小古代官员身穿各色袍服,袍服上绣着各种图案。这些图案究竟是什么?有何依据?

原来,古代官服按颜色区分。从唐代开始:三品以上紫袍,佩金鱼袋;五品以上绯大红袍,佩银鱼袋;六品以下绿袍,无鱼袋。官吏有职务高而品级低的仍需按照原品服色。如任宰相而不到三品的,其官衔中必带赐紫金鱼袋;州的长官刺史,亦不拘品级都穿绯袍。这种服色制度到清代才完全废除,只在帽顶及补服上分别品级。简言之,清代公服原则上都是蓝色,只在庆典时可以用绛色,外褂则平时都是红青色,清末服饰尤为复杂,依官位大小不许滥用。仅就其袍服来说,有蟒袍和补衣服。蟒袍是官员穿的上面绣有蟒形的长袍。一品至三品是九蟒五爪;四品至六品是八蟒五爪;七品至九品及未入流为五蟒四爪。补服,是加在蟒袍之外的外褂,正中用金线绣织鸟兽形:一品仙鹤;二品鸡;三品孔雀。武官为兽形:一品麒麟;二品狮子;三品豹;四品虎;五品熊;六品、七品彪;八品犀牛;九品是海马,以上是一般的规定。也有例外,如御史和按察使等监察、司法官员,一律穿獬豸补服,因古人认为"獬豸"是一种能辨曲直的神羊之故。

面料的由来

棉布的由来

远在南北朝时,南洋已有棉布输入,当时称做"吉贝"。工精料美,物以稀为贵,能穿用这些棉布的人,当然只限于贵族,到了宋、元两代,华南和东南地区,如福建、广东、浙江、江西、湖南、湖北等地都有人种棉,其中广东的琼州(海南岛)是当时著名的产棉区。元时,松江府乌泥泾人黄道婆从琼州带回黎族土人的纺织技术,她教会家乡的人制造织机和错纱、配色、综线的技术,乌泥泾出产的棉布,成为最受欢迎的名产。到了明代,这地方成为出产棉布的中心。明朝规定百姓有田约0.33公顷到约0.67公顷的,必须栽种桑、棉、麻各半亩;有田约0.67公顷以上,加倍种植。这样,棉花的种植推广了,纺织的技术也随之不断提高。棉布的产量日益增加,价格自然随之大大降低,于是棉布成为一般人都能穿用的衣料,而棉布的纺织也逐渐成为农村妇女的主要副业了。

丝绸的由来

丝绸缎是用蚕丝或人造丝织成的织品,源于中国。中国是蚕丝的发源地。新石器时代,已发现利用蚕丝,并逐步发明了养蚕、巢丝和织绸的技术。商代,中国民间又发现了植物中含有色素,并能够利用植物中的色素来为丝绸织物染色。当时的王宫内,丝绸应用已相当普遍。春秋战国前后,中国丝绸已有绸、缎、绫、罗、纱等各种形式的丝织品,还能生产提花织物和彩锦。西汉时代,丝绸图案与配色已进步到能够织造花、鸟、鱼、虫等复杂的纹样,并能生产印花绸。14世纪,多彩的织锦更有发展,富丽堂皇的苏州"宋锦"、南京"云锦"、四川"蜀锦"等,在生产技术上已相当完美。

染料的由来

人们穿的衣服，有着各种不同的颜色。各种布料颜色的形成，完全是染料的功劳。

据《周礼》的记载，中国早在周朝就有"染人"和"掌染草"的官职，掌包原料和印染工作。当时用染料染的衣服，只准皇帝和官员们穿用，而且只有两种颜色。

到了秦汉以后，染料生产有了一定的发展，颜色的种类也多了。皇帝朝服由熏、玄改为大黄、大红。平民也可以穿染色衣服了。生产和经营染料风靡一时。据《史记·货殖列传》记载，当时已经开始大量生产栀等植物染料，红、黄、蓝是基本色，可以配出其他各种颜色。但当时还不能直接染出黑色，必须先染蓝以后再染黑。

明、清时期，中国的染料应用技术已经达到了相当高的水平，染坊也有了很大的发展。乾隆时，有人这样描写上海的染坊："染工有蓝坊，染天青、淡青、月下白；有红坊，染大红、露桃红；有漂房，染黄糙为白；有杂色坊，染黄、绿、黑、紫、虾、青、佛面金等。"此外，比较复杂的印花技术也有了发展。

化纤的由来

1644年,英国生物学家霍克,在系统地研究了蛾蝶类昆虫生理结构之后,提出了人类完全可以用人工生产出丝来的设想。霍克的设想,在欧洲的学术界和工商界引起了人们的广泛注意。为了实现这个设想,许多科学家进行了大量的研究工作。

法国自然科学家卜翁,饲养了很多蜘蛛,用来探索蜘蛛吐丝结网的奥秘。经过反复试验,他发现,蜘蛛的丝是它肚子里的黏液喷射到空气中凝结而成的。于是,他剖开许多蜘蛛的腹壁,取出它们分泌黏液的胶囊,收集大量的黏液,用人工方法抽成细丝,制成了世界上第一副"人造丝"的手套。但这种蜘蛛丝又细又脆,不能遇水。这副手套,至今还保存在巴黎国家研究院中。

1855年,瑞士科学家奥丹玛斯经过多年的研究,发现将硝酸棉花溶解到酒精里,经过一定的工艺过程,可制出用来抽丝的黏液,这是人工造丝的一个重大突破。这种丝被称为硝酸丝。

1880年,英国一位业余科学家斯旺制成了经硫酸处理的棉制灯丝,1883年又发现了制造多种纤维的方法,最后通过从小孔喷射溶液而制成硝化纤维灯丝。他认为,这种灯丝有可能用做衣料纤维,并在

1885年举办的发明展览会上，展出了这种纤维的样品。但是，斯旺未参加利用这种纤维制成衣料的研究工作。

1889年，法国人查顿把自己合成的硝酸丝织成一件色彩绚丽、光耀夺目的衬衣，当时轰动了欧洲。但是，这些以棉花为原料的人造丝，不但成本高，而且织成的衣服很不结实，易燃烧。科学家们继续探索从廉价的原料中提取纤维素的方法。

1891年，英国化学家克鲁斯和贝文，发明了以木材、芦苇、甘蔗渣制造黏液的方法，称为黏胶法，这种从黏液中抽取的黏胶长丝是优良的衣用纤维。

1905年，英国建成了第一座黏胶纤维工厂，开始了大规模的工业生产。这种产品是利用自然植物固有的纤维为原料，叫"人造纤维"或"黏纤"。

1913年，德国制成了以塑料聚氯乙烯为原料的氯纶纤维；1924年，德国人又发明了以聚乙烯醇制成的维尼纶。

1935年，美国人卡洛泽斯发明了尼龙。1944年，英国人惠恩菲尔德和迪克森又发明了涤纶。随着现代化科学技术的发展，人工合成纤维陆续发明并投入生产，为化纤工业开辟了广阔的前景。

锦纶的由来

在化纤家族中,锦纶是一个优良品种。它在各国的叫法不同:英美人叫"尼龙"和"耐纶";前苏联人称其为"卡普隆";日本人叫"阿米纶";德国人称其为"贝纶";捷克人则叫"西纶"。据说中国最早准备给它取名"华纶",即代表中华,又有华丽的含义。后经斟酌,终于命名为"锦纶",可能是国内最早试产于锦西,而且也含有锦秀之意。

锦纶是最早的合成纤维之一,其发明人是美国人卡洛泽斯。卡洛泽斯是一位才华出众的青年化学家。当时,年仅32岁的卡洛泽斯,在伊利诺斯大学和哈佛大学任教。1928年,他接受美国杜邦·德·奴姆尔公司的聘请,担任该公司研究小组的负责人,后加入杜邦公司。1930年,当他对由乙二醇和葵二酸制成的聚酯进行实验时,发现这种经过加热后的熔融聚合物能够拉伸成长纤维状细丝。更重要的是,他发现这种纤维

即使冷却之后，拉伸长度仍比最初的长度高几倍，而且，这种冷拉伸还能大大增加纤维的强度和弹性。它表明与此有某种联系的化合物可能成为具有某种特性的纤维。此后，卡洛泽斯及其同事又研制成命名为聚合物"66"的聚酉光胺。他们从这种聚合物拉制出具有强度高、韧性大、弹性好、耐水性强的纤维，并成功地在500华氏度以上的温度下纺丝。1935年，取名为"尼龙"的聚合物"66"在杜邦公司得到了广泛的应用。

尼龙的早期产儿，是1937年4月由杜邦公司制成的尼龙袜，俗称"玻璃丝袜"，现在统称为锦纶袜或锦纶丝袜。1938年，杜邦公司开始制造

坚硬的尼龙单纤维牙刷。1939年12月,尼龙开始大规模生产。至1953年,杜邦公司一直垄断着美国的尼龙生产,美国有几家公司生产尼龙是获得杜邦公司的许可证后才开始的。

20世纪40年代,英国帝国化学公司得到英国专利的许可证,和考陶尔德公司一起,成立了英国尼龙纺织公司。此外,国外的许多公司也得到了杜邦公司的专利许可证后,开始制造尼龙。

"锦纶"是一种有广阔发展前途的化纤,由于结实耐磨,所以在所有纤维中享有"耐磨冠军"的美称。可用于生产弹力锦纶丝袜、衫裤、手套、围巾、帽子、头巾、台布、沙巾和花边带等,还可与人造丝、棉花和羊毛混纺或交织成质地柔软、价廉物美的各种产品,如市场上常见的锦缎被面、锦格绸、尼棉绸及黏棉华达呢、黏棉凡立丁、黏睛锦花呢等。它的缺点是保型性差,不能在日光中长时间曝晒。

纯羊毛标志的由来

近年来，人们常从各类广告媒介上看到三个环状组合的纯羊毛标志图案，它是由国际羊毛局制定的纯新羊毛优质产品标志。

国际羊毛局成立于1937年。20世纪60年代初期，由于化纤织物的迅速发展，使羊毛的推广受到威胁，因此必须确定一个独特易认的国际通行标志，以向消费者及零售商推销纯新羊毛产品，并为这些产品建立高品质的形象。为此，当时举行了一次征求图案设计比赛，最后意大利米兰市的一个广告代理美术董事弗兰西斯科·沙罗格利亚获奖，他的作品便是今天流行的纯羊毛标志。它是一个优美的图案，象征着源源不绝取之不尽的纺织原料和柔软连绵的羊毛。

纯羊毛标志主要适用于精细纺呢绒及服装制品、毛线、毛衫、毛毯、毛装饰品等。但并不是所有羊毛产品都能挂此标志，只有用纯新羊毛制造，并达到严格质量标准的羊毛制品，并由国际羊毛局颁发有关执照后，方可使用。目前全世界共约有15 000家厂商领有纯羊毛标志执照，每年使用纯羊毛标志4亿个以上。

1985年以来，中国已有几百家厂商获得此项标志的认可。

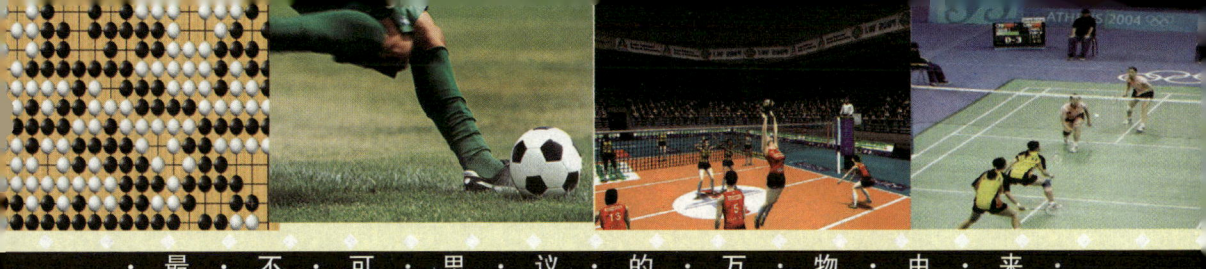

最·不·可·思·议·的·万·物·由·来

五、体育运动的由来之谜

棋类项目的由来

围棋的由来

围棋源于中国，据有文字记载的历史可追溯到春秋时期。关于它的发明，说法颇多。有的说起源于古代部落会议，会议为商讨对敌战争，就地画图，并用两种不同颜色的小石子代表敌我，进行筹划，以后便演变成了游戏；有的说，舜因儿子愚钝而制造围棋以教诲之……

早期的围棋盘，有纵横各11、15、17道几种。今天所用的19道围棋盘，大约出现于南北朝时期。

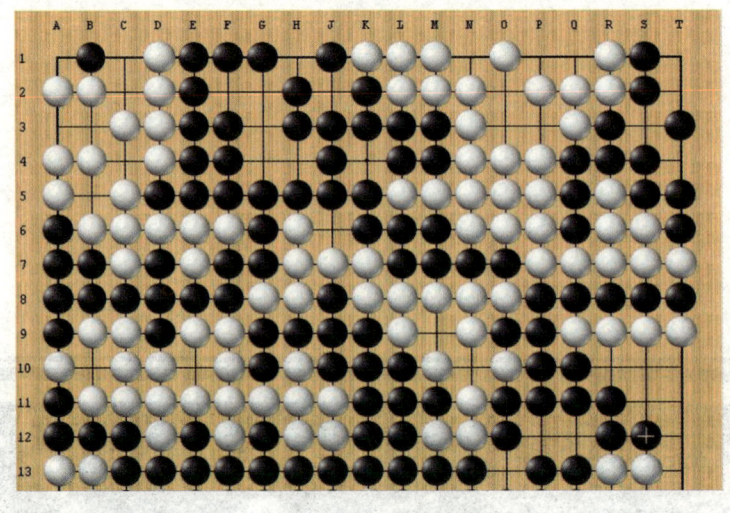

围棋自古称"弈"，春秋战国时典籍《论语》《左传》和《孟子》都有关于"弈"的记载。最早提到下围棋的书籍，是《孟子》。最早的棋谱是三国

时期李逸民的《忘忧清乐集》。

围棋大约在西汉时传入印度，隋唐时传到朝鲜，再辗转传到日本，最后是由日本把围棋种子远播欧美各国。今天，围棋作为国际体育比赛项目之一，已为越来越多的人所喜爱。1982年，国际围棋联合会成立。

中国象棋的由来

中国象棋是一种"斗智"的体育运动项目。

中国象棋大约起源于战国时期。那时盛行着一种文博象棋，每方有棋子6枚。到了唐代，象棋有了一些变革，象棋有"将、马、车、卒"4个兵种，棋盘和国际象棋一样，由黑白相间的64个方格组成。

宋代，中国象棋基本定型，除了因火药的发明增加了炮之外，还增加了士、象。宋代的《事林广记》中就记载着中国目前所能看到的最早象棋谱。它比西方15世纪出现的国际象棋谱早200多年。这就对长期以来流行的"中国象棋起源于印度"的说法提出了异议。

到了明代，可能为了着棋和记忆的方便，将一方的"将"改为"帅"，就和现代中国象棋一样了。

球类运动的由来

足球运动的由来

现代足球运动起源于英国。1863年10月26日，在英国伦敦成立了世界上第一个足球协会，它标志着现代足球的诞生。

1900年，在第二届奥运会上，足球被列为正式比赛项目。1904年5月21日，国际足联在巴黎宣告成立。

1930年，在乌拉圭兴办了首届世界足球锦标赛。现代足球是鸦片战争后开始传入中国的。1897年，中国香港开始举办特别银牌足球赛。此时，上海、南京、北京等一些大城市也有了足球运动。之后，这些城市的足球爱好者，又将这项运动传到各地。1908年，香港成立了中国近代最早的足球运动组织——"南华足球会"。

篮球运动的由来

篮球是1891年由一个名叫奈史密斯的美国人发明的。当时奈史密斯是美国麻州春田国际青年会训练学校的体育老师，这个学校的体育系主任要求他发明一种冬天能在室内比赛而且能引起学生兴趣的团队运动。于是奈史密斯融合了北美土著印第安人所玩的长曲棍球以及英国人所玩的足球，形成了一种新的室内运动。这种运动不准用棍子，也不能用脚踢，而是由球员把球传来传去，或者在地上拍（运）球，然后投进目标。这个所谓的目标就是两个固定于空中的"篮子"，所以这种运动就被称为"篮球"。

最初比赛的时候，每次有人投中篮，球就停在篮子内，必须要有专用捡球员爬上梯子，把球拿下来，很不方便；后来，一种篮底开洞的铁篮子就取而代之了。如此，投进篮内的球就能够自动掉下来。

到了1893年，篮圈上开始附上一个网状的袋子，球员投中之后，裁判员就会拉动一条附在网袋上的绳子，使球掉下来。随后篮板也开始采用，这是用来防止看台上的观众在比赛时妨碍球员投球而设的。还有当时像足球般大的篮球也被较大的球代替。大约到了1913年，无底的篮网才被开始使用。

1936年，篮球才正式成为奥运会的一个运动项目。

排球运动的由来

排球运动源于美国。1895年，美国一位叫威廉斯·盖·摩尔根的体育工作人员，想把当时已广为流行的网球搬到室内，在篮球场上用手来打。但室内球场面积

较小，网球容易出界，于是他作了某些改进：一是把网球允许球落地后再回击的规则改为不许落地；二是把网球的体积扩大，用篮球胆充气来打。第二年，有位博士将此球命名为"华利波"，意为"空中飞球"。

排球传入中国的时间，一说是1905年，一说是1913年。将"华利波"改称"排球"是在1925年3月举行的广东省第9届运动会上，主要取其分排站立之意。在1964年东京举行的第18届奥运会上，首次进行了排球比赛。

羽毛球运动的由来

相传在14世纪末，日本出现了把樱桃插上美丽的羽毛当球，两人用木板来回对打的运动。这便是羽毛球运动的雏形。以后传到国外，19世纪中叶，改为软木制成的球托和穿弦的球拍。1870年，英国一位公爵在他的领地开游园会，天公不作美，下起雨来，他为使客人们不扫兴，就改在室内进行羽毛球游戏。结果与会者情趣横生。此后，这

项运动便风靡英国。1893年，英国14个羽毛球俱乐部组成羽毛球协会。

羽毛球运动约于1920年传入中国。新中国成立后，得到迅速发展。20世纪60年代中国羽毛球队已跻身于世界强队之林。20世纪70年代，国际羽坛是印度尼西亚与中国平分秋色。20世纪80年代，优势已转向中国，说明中国羽毛球运动已达到世界先进水平。

羽毛球在1992年巴塞罗那奥运会上被列为正式比赛项目，设男、女单打、双打及男女混合双打4项比赛。

乒乓球运动的由来

大约在1800年，一个美国体育用品制造商发明了一种称为室内网球的游戏。一开始，美国人并不热心。后来，他把这种游戏转移到伦敦的代理商那里，很快就在英国流行起来。那时，人们在餐桌上或在室内两张椅背上拉网打球。球用软木或橡胶制作，外面包上一层棉线，以防打坏用具。球拍贴上沙纸。

几年后，空心球发明了。于是这种游戏很快流传到全世界。伦敦有一个叫伍德的人提出用胶粒橡胶贴在球拍上，以便更好地控制球。当时英国人称之为"乒乓"。"乒"是指球拍碰击球的声音，而"乓"则指球碰击桌子的声音。

1926年，国际乒联成立。同年，欧洲锦标赛在伦敦举行，匈牙利获得优胜。在世界乒乓球锦赛上，中国队多次夺得团体冠军。在1988年汉城奥运会上，乒乓球首次被列为奥运会正式比赛项目，设男、女单打、双打及男女混合双打4个项目。

保龄球运动的由来

保龄球，又称地滚球。它是将一个球从木球道的一端，滚动至另一端已装置好的10个木瓶上，而将木瓶击倒的运动项目。

现代保龄球运动是由中古时代的德国宗教仪式发展而成的。在16世纪时，是9个瓶的游戏，数年后，演变成10个木瓶；瓶的摆设形状也从钻石形变成三角形。1895年，美国保龄球总会正式成立，而保龄球

360° 全景探秘

体育运动的由来之谜

在美国也成为仅次于钓鱼的一项普及运动。目前，保龄球是世界上60多个国家和地区的普及运动项目之一，1 000多万人打保龄球。1986年的亚运会，保龄球也是正式比赛项目。1988年的奥运会，保龄球已列为表演项目。

高尔夫球运动的由来

高尔夫球是一种以棒击球入穴的球类运动。"高尔夫"译成汉语，为"在绿地和新鲜空气中的美好生活"。高尔夫球最早起源于苏格兰，据说始于牧羊人之手，由牧羊人用驱羊棍击石子，比远比准而形成高尔夫球运动。19世纪，高尔夫球传入美国，第一次国际性比赛，是1922年美国对英国的"沃克杯"高尔夫球对抗赛。美国现在拥有1万多个高尔夫球场。高尔夫球于20世纪初引入中国。

高尔夫球运动是在室外广阔的草地上进行，设9或18个穴。运动员逐一击球入穴，以击球次数少者为胜。比赛一般分单打和团体两种。

曲棍球运动的由来

曲棍球是一项历史悠久的运动项目，分为长曲棍球和草地曲棍球。

长曲棍球运动起源于美国印第安，始于部落之间一种名叫"巴加塔汇"的民间游戏。后来这一运动于1867年引进英国。1892年创建了英国长曲棍球联合会。在1928年和1948年的奥运会上，长曲棍球被列为表演项目。

草地曲棍球则起源于公元前2050年左右，即埃及的鼎盛时期。在尼罗河流域的贝尼·合桑第17号墓壁上就刻有二人持棍争球的雕像。

英格兰也是这项运动的发祥地。1852年出版了曲棍球的正式比赛规则，为今天的规则奠定了基础。1861年英国创建了最早的曲棍球俱乐部——"黑石南"俱乐部。1887年在英国的萨里组成了最早的女子曲棍球俱乐部——"东莫尔西"俱乐部。

1908年7月，在英国伦敦举行的第4届奥运会上，由于英国曲棍球协会的积极倡议，曲棍球被列为正式比赛项目，英格兰队一举夺魁。1924年在巴黎举行的第8届奥运会上，成立了国际曲棍球联合会。

棒球运动的由来

棒球是由阿布那·德布尔迪于1839年在纽约的库拍斯镇发明的。1841年，棒球在美国就已经很普及。1841年"纽约人棒球俱乐部"——历史上第一个棒球组织在纽约成立。最早的棒球规则是"纽约人棒球俱乐部"于1845年着手制定的。棒球比赛记录由亨利·切德克发明；扇形球场地是亚历山大·卡特赖在1846年设计的，几经修改，一直沿用至今；棒球比赛服装式样是"纽约人棒球俱乐部"设计的，包括白上衣、蓝长裤、蓝白两色的腰带和白色的帽子。1852年"愚人队"与"纽约人队"在纽约的红屋广场上比赛，首次使用正式的"比赛记录表"，"纽约人队"首次穿棒球比赛服。

早期的棒球比赛规定：以先得21分的一队为胜队。到1825年才改为比赛9局，以积分较多的一队为胜队，并一直沿用至今。如果比赛打满9局而分不出胜负，比赛就延长下去，直到在相等局数中两队积分分出胜负为止。首次在晚间举行的棒球比赛，是美国棒球甲级队联赛的两个球队——辛辛那提的"红队"与费城的"菲力兄弟队"，它是于1935年5月24日在辛辛那提的克罗斯莱球场上举行，观众的人数达两万余人。当时的总统富兰克林·罗斯福为这次史无前例的盛典按动了电钮。

网球运动的由来

早在13—14世纪,网球运动在英国、法国的宫廷中就十分盛行。网球在当时是地地道道的贵族游戏,所以当时又称为皇家网球。到18世纪资产阶级兴起后,网球运动才冲出宫闱,逐渐流入市民阶层和资产阶级手中。由于它不像足球、篮球、排球那样普及,因此人们了解得比较肤浅。到19世纪,网球运动在欧美盛行起来。19世纪70年代,现代草地网球正式出现。

从现在掌握的材料看,网球运动起源于法国。网球发展初期没有网,也没有打球的拍子。14世纪在法国贵族宫廷中有一种叫"掌球戏"的游戏。活动时两人戴上手套,中间隔一条绳子,双方用手掌击球,将球打来打去。当时的球外面是用布包住,里面塞满头发。裹球的布以埃及坦尼斯镇所产的布最为著名,英文网球Tennis大概由此而得名。

到16世纪,开始出现用羊皮纸制造的球拍,但这种球拍不经用。17世纪,英国人将绳改为网,球拍中间也穿上了有弹性的弦线,这就是今天网球运动所用的器材。

奥运会的由来

奥运会的由来

奥林匹克运动会始源于古希腊的竞技会。第一次古代奥运会是公元前776年,在希腊奥林匹亚举行,以后每隔4年举行1次。公元394年被罗马皇帝禁止。

1875—1881年,德国库蒂乌斯等人在奥林匹亚遗址找到了大量的出土文物,引起了全世界的兴趣。为此,法国的顾拜旦认为,恢复古希腊奥运会的传统,对促进国际体育运动的发展有着十分重大的意义。在他的倡导与积极奔走下,1894年6月,在巴黎举行首次国际体育大会,并正式成立了国际奥委会。第一届现代奥运会于1896年在雅典举行,以后每4年召开1次。其中3届因世界大战被中断,但届数仍按顺序计算。

奥运会五环旗的由来

五只相套接的彩色圆环是现代奥林匹克运动会最显著的标志，象征五大洲运动员的友谊和团结。依据传统的说法，五环标志及其颜色是现代奥运会创始人皮埃尔·顾拜旦男爵于1913年精心设计和选定的，以后才作为国际奥林匹克的会旗和会徽的主要标志。

1914年7月，该旗帜首次出现在巴黎庆祝奥运会成立20周年的大会上。1920年，比利时奥委会把一面绣有五环的绸缎会旗赠送给国际奥运会，在安特卫普奥运会的开幕式上升起来。在一般情况下，每届奥运会开幕时，上届奥运会城市代表将这面旗移交给该届奥运会城市市长。

然而，新近挖掘出土的一块古希腊的大理石上发现了与上述标志完全一样造型的图案。据史料记载，它是迪奥腓古代祭祀盛典中的一项活动。古代奥运会则是从中逐渐演变形成的。由此可见，现代奥林匹克运动会五个彩环相套的标志并非现代人的首创，而是古希腊时代的产物。

奥运会会徽的由来

奥运会的会徽就是五个相套的、不同颜色的圆环。

对奥运会五个圆环的含义,曾有一种比较流行的解释,认为每一个环的颜色代表一个大洲。1979年6月国际奥委会出版的《奥林匹克杂志》第140期指出,这种说法是错误的。根据《奥林匹克宪章》,五环的含义是象征五大洲的团结以及全世界的运动员,以公正、坦率的比赛和友好的精神在奥林匹克运动会上相见。

每届奥运会都有不同的会徽,但所有会徽都带有五环图案,然后再衬之以反映东道国特点或民族风俗的图案。如第17届奥运会于1960年在意大利罗马举行时,就以罗马的城徽作为会徽,即一只母狼哺育两个婴儿的图案;日本设计的第18届奥运会会徽是以本国国旗为图案的;又如19届奥运会于1968年在墨西哥城举行,选择了墨西哥城最著名的出土文物——24吨的历石作为会徽。前苏联为第22届奥运会设计的会徽,是以运动场跑道绕成的克里姆林宫建筑造型。

奥运会之火的由来

在奥运会上，最热烈、最令人激动不已的场面，当首推开幕式上的火炬接力及点燃圣火台上火焰的仪式。能有幸在现场目睹这一壮观场面，被许多人视为终生最大的荣耀。

奥运会的火炬仪式已有2 700多年的历史，而火炬接力仪式则始于在德国柏林举行的第11届奥运会上。

现代奥运会的发源地——奥林匹亚，位于希腊首都雅典以西约350千米的伯罗奔尼撒半岛上。这里树木苍翠、鸟语花香、山水秀丽、风景幽雅，至今仍流传着许多动人心魄的神话故事。相传古希腊的奥林波斯山是众神的栖息之地，人们为求风调雨顺、五谷丰登，每隔四年，就要祭祀众神，并且还要在祭祀前进行短跑竞赛。参赛运动员中，谁先跑到祭司前接过火把，将火神普罗米修斯前圣坛上的圣火点燃，他就是胜利者，被人们视为英雄而受到尊敬。以后，短跑竞赛逐渐演变为体育竞技大会，成了祭祀活动中规模最大、最吸引人的一项活动。而点燃圣火的仪式也就一直伴随着体育竞技大会而延续下来，成了奥运会开幕式上一项必不可少的仪式。

奥运会期间火炬不灭的由来

在第24届汉城奥运会上,整个16天比赛期间,体育场圣火台上的火炬一直在默默地燃烧不停。那么,为什么整个比赛期间火炬不能熄灭呢?

1920年,第7届奥运会在比利时的安特卫普举行。为了纪念第一次世界大战中牺牲的协约国将士,经组委会讨论通过,在会场中点燃焰火,以象征和平。当绚丽的焰火燃起时,场面极为壮观庄严。为了发扬奥林匹克的精神,传播友谊与和平,1928年奥委会通过决议,正式规定在开幕式上举行隆重的仪式,点燃圣火台上的火炬,以火炬燃烧与熄灭象征开幕与闭幕。同年在荷兰的阿姆斯特丹市举行的第9届奥运会上即执行了这一

决议。当时按照古代奥运会的传统,在希腊奥林匹克山上用凸透镜点燃圣火炬,途经希腊、南斯拉夫、奥地利、德国而进入荷兰,最后在开幕式上按规定的时间进入阿姆斯特丹的会场,点燃了圣火塔上的火焰。在第11届德国柏林奥运会时,正式用人进行接力传递的方式来迎送火炬,人们认为运动员用接力跑的方式来迎送火炬,有利于扩大奥运会的影响,传播奥林匹克的精神,以后的奥运会一直沿用此法。